바보처럼 사랑하다

바보처럼
사랑하다

애물단지 며느리를 향한, 시어머니의 기적 같은 헌신

홍옥녀 지음

넌 참 예뻐

"룻이 이르되 내게

어머니를 떠나며 어머니를 따르지 말고

돌아가라 강권하지 마옵소서

어머니께서 가시는 곳에 나도 가고

어머니께서 머무시는 곳에서 나도 머물겠나이다

어머니의 백성이 나의 백성이 되고

어머니의 하나님이 나의 하나님이 되시리니."

(룻기 1:16-17)

프롤로그

강원도 친정엄마 집에 도착했을 때다. 콧물에 검은 재가 범벅이 된 채 할머니 등에 업혀 있던 딸아이가 보였다. 왈칵 눈물이 쏟아졌다. 바로 딸아이를 업고 얼른 집으로 달려오고 싶었다. 그러나 당장 데리고 오면 봐줄 사람이 없고 맡길 곳도 마땅치 않았다. 눈앞에서 사라지지 않는 딸아이를 뒤로하고 입술을 깨물며 아무 말 없이 두 시간을 달려왔다. 소리 없는 절규가 쏟아져 나왔다. 동시에 눈물은 강이 되어 흐르고 있었다.

직장과 육아를 함께 하는 것에 한계를 느끼고 있었다. 정말 이 세상에 우리 아이를 맡길 곳이 없는 걸까? 마음 놓고 편히 일하고, 일을 마친 후 달려가 번쩍 안아줄 수 있는 그런 곳은 없는 걸까?

캄캄한 위기와 어둠 속에서 기회를 찾아야 했다. 나의 마음이 간절함으로 가득 메워졌을 때, 문득 실낱 같은 기적이 보이기 시작했다.

그 기적이 오늘의 나를 만들었다. 그 기적의 주인공 흰머리 소녀. 난 오늘도 그녀에게 한없는 감사함으로 하루하루를 보내고 있다.

그렇다. 흰머리 소녀는 시어머니다. 당시 퍼뜩 떠오른 단어가 바로 '어머니, 어머니가 있다!'였다. 염치불구하고 월요일 퇴근길에 시댁으로 달려갔다. 무릎을 꿇고 말씀드렸다.

"은혜 좀 봐 주세요."

내 얼굴을 물끄러미 바라보더니 망설임 없이 한마디 하셨다.

"데려와라."

그 한마디에 주말에 딸아이가 서울로 올라왔다. 그로부터 33년이 지난 지금까지 그 말은 기적을 만들어 내고 있다.

어머니는 첫 딸과 둘째 아들을 양육하셨다. 그리고 지금 며느리인 나를 키우고 계신다. 지금도 집안의 모든 살림살이를 도맡아 하신다. 치매 5등급을 받으신 상태라 여러 가지 어려움이 있지만 지팡이를 짚고 집안일을 돌보셨다.

어머니와 나는 그 누구도 이해할 수 없고, 이해 못 할 관계로 살고 있다. 요즘도 어머니께서 차려주는 밥을 먹고 출근한다. 안 차려주면 안 먹는다. 자동차 뒷좌석에 앉으신 어머니를 룸미러로 살짝 보면 마치 연인이 앉아 있는 느낌이다. 애틋하고 사랑스럽다. 하지만 어머니께 나는 애물단지다.

이 책은 애물단지 며느리가 흰머리 소녀 시어머니께 보내는 편지 같은 글의 모음이다.

어둡고 힘든 고통 속에서 고달프게 살고 있지만, 기적을 바라보며 오늘도 아이를 맡긴 채 직장으로 향하는 워킹맘, 자신의 삶을 가족에게 기꺼이 송두리째 헌신하는 또 다른 기적의 주인공이자 이 땅의 영웅, 어머니께 이 글을 바친다.

차례

프롤로그　7

1.
애물단지는 무슨 애물단지, 밥 많이 묵으라　17
전생에 부부였나 봐요　19 | 다시 태어나도 어머니 며느리로
태어날 거예요　21 | 거기 내가 했다. 행주와 걸레를 놓았다　22
그래, 데려 와라!　24 | 하나님을 기쁘게! 어머니를 기쁘게!　26
유치원 놀이　28 | 지들이 다 알아서 해요　29

2.
어머니는 해결사　33 | 그럼, 저는 낳기만 할게요　34
아, 하늘이다! 구름이다!　35 | 그렇게 일했는데 밥 한끼 안 사주냐　37
차도 가져가니?　39 | 앗, 고구마 향이다　41 | 할머니가 질투해　42

3.
하얀 거짓말　45 | 절제된 슬픔, 에미야 너는 할 수 있다　47
언제나 '바로 세우는 1형'　49 | 언제 할라꼬? 아고, 무시라!　50
시에미 죽으면 다음날 다 버리더라　51

어머니, 돌아가시려고요? 못 돌아가세요 53
할머니의 방학 숙제 55 | 허연 머리는 나밖에 없어 안 간다 57

4.
엄마가 해 놓은 죽, 먹지 마요 61 | 내가 제일 사랑한 사람은 너다 63
너만 오면 안 되니? 65 | 웬 미역국이에요? 66 |
나 이제 살림 안 한다, 밥도 안 한다 68 | 뭔 소풍 가요? 70
트럭 바짝 따라가지 마라 72 | 와이셔츠·넥타이·조끼·바지·양말… 74
어머니, 가요! 75

5.
할머니 개근상 드려야겠어요 79 | 바보처럼 사랑한 사람 80
어머니 웃어 보세요 81 | 이런 차에서 내리면 사람들이 흉본다 83
미숫가루 크게 두 숟가락, 설탕 작은 두 숟가락 84
앗, 사진이 섰다 86 | 경로당은 노인들만 가는 곳이다 89
친정엄마가 딸 얘기하는 거 같지 않니? 91 | 아이고 희한하네, 꽃에
뭔 돈이 있네 92 | 그럼, 제삿날을 옮겨라 95

6.

나, 행복하다 101 | 코사지로 꽃꽂이하는 소녀 102
애비 속옷 사 왔다 103 | 어머니, 목소리 크게 내세요, 어머니가
최고니까요 104 | 작별 예배 106 | 엄마, 화장실이 요양병원
같아 108 | 사랑이 있는 곳에 신이 있다 109 | 긴급 마약 처방 112
어머니, 사랑합니다 114 | 침대 위에서 드리는 기도 116

7.

다시 팔야촌으로 123 | 나오길 잘했다 124 | 왜 케이크를 자꾸
사오니? 126 | 천생연분 128 | 우리 아들이 허리를 다쳤어요 130
천국의 언어 133 | 흰머리소녀는 최고의 코치다 135 | 여우 같은
애물단지 137 | 빨간 밥 사 먹으라 해라 140

8.

천국 밥상 145 | 감자 반 개, 최선의 선택 148 | 중복 최고의 요리는
짜파게티 151 | 배려의 끝판왕 153 | 기저귀 좀 사와라 156
우리 집 빨래줄에는 서열이 있어요 159 | 바라보는 것만으로도
충분했다 161 | 입으로 요리하게 하렴 163

흰머리 소녀에게 방문간호란? 165 | 나는 누구인가 167

9.
나의 주치의는 흰머리 소녀 173 | 아낌없이 주는 사랑 175
아, 선물이네요 179 | 어머니 침대에서 새벽을 맞으리 183
너는 내가 살렸다, 고맙지? 187 | 여기 비타민 있다 190
콜라비 여기 있다 192 | 만원 가지고 간다 193
삼만 오천 원 여기 있다 195

10.
어머니와 차 한잔을 199 | 왜 방으로 들어가세요? 204
나 없어도 잘해줘라 207 | 밥 안 차려주고 나가냐 210
며느리니까 할 수 있다 212 | 어머니 커피 한 잔만 타주세요 214
며느리 위문 공연하는 시어머니 217 | 사 온 죽은 안 먹는다 220
어머니 밥 달래요 223 | 두툼한 달걀부침 226 | 대상포진 치료법
229 | 어머니, 다녀왔습니다 232

에필로그 235

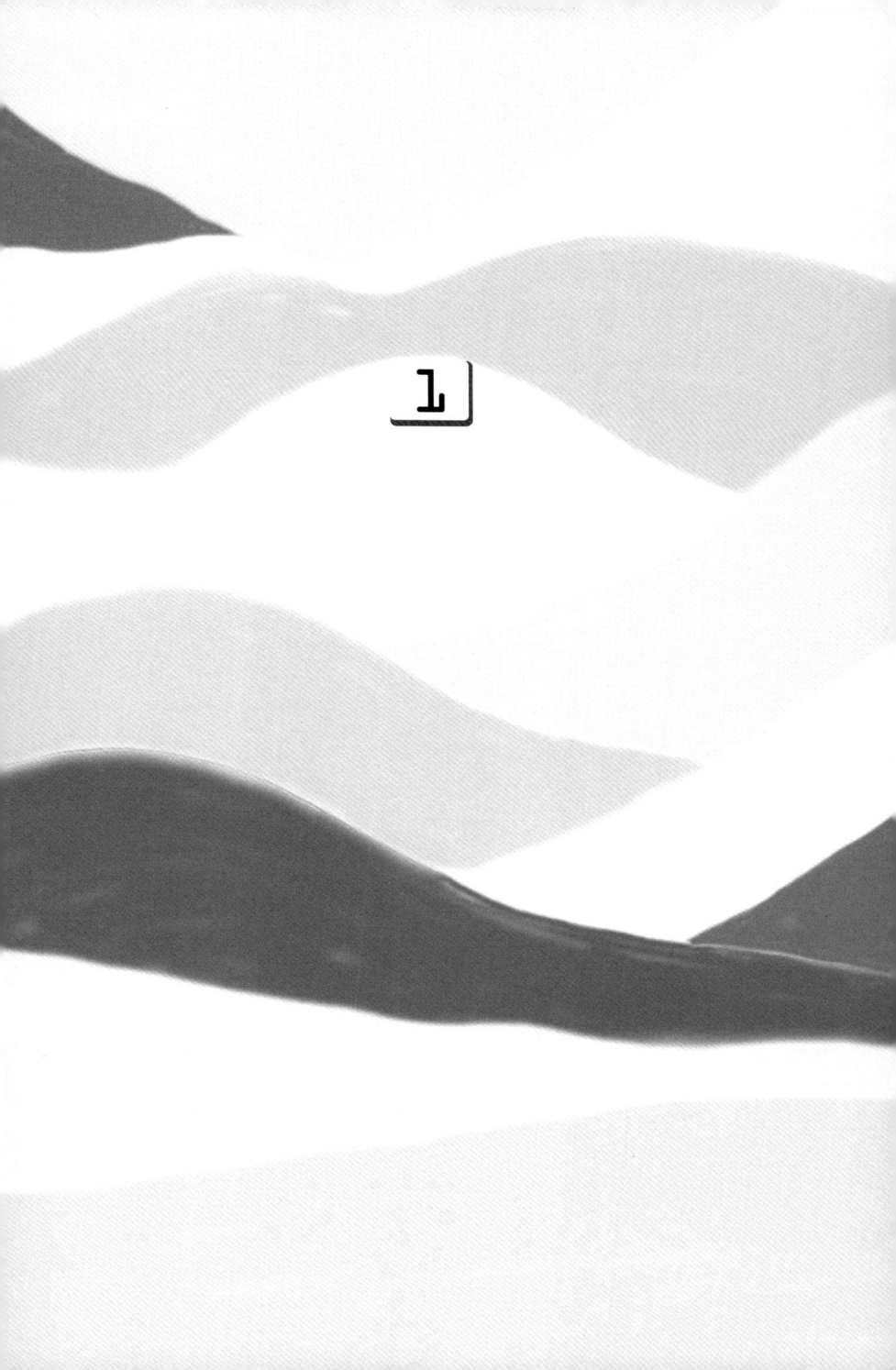

애물단지는 무슨 애물단지, 밥 많이 묵으라

강원도에 산불이 나서 비 오게 해 달라고 간절히 기도를 드렸다. 결국 산불은 최장 기록을 세우고 진화되었다.
　새 봄을 맞은 토요일 아침. 산불이 났던 그곳에 폭설이 내렸다.
　'산불 났을 때 이렇게 눈이 좀 왔었으면 좋았을 텐데….'

　냉동실에 있는 스테이크를 꺼내 놓고 줌 강의를 들었다. 두 시간이 지나니 흰머리 소녀가 지팡이를 짚고 주방으로 향한다.
　곧 스테이크 굽는 향기가 온 집안에 퍼진다. 흰머리 소녀 어머니표 스테이크의 완성이다.

　넓은 접시에 담긴 반찬도 가지가지다. 노란 배춧잎까지 더해진 한식과 양식의 오묘한 어울림이다. 못 말리는 우리 어머니.
　어머니를 안고 눈을 맞추며 물었다.

"어머니! 제가 애물단지지요?"
이에 어머니 하시는 말씀.
"무슨 애물단지냐? 아니다. 밥 많이 묵으라."

어머니는 아무 말 없이 내 앞자리에 앉아 식사 끝날 때까지 보고 계셨다. 어머니의 눈에는 따스함이 가득했다.
맛있게 식사를 하고 서둘러 나왔다. 어머니께서 준비해 주신 텀블러와 사과 하나, 그리고 도시락을 들고….
뒤를 돌아보니, 어머니는 설거지를 하고 계셨다.
나는 애물단지다.

전생에 부부였나 봐요

흰머리 소녀는 예배 시작 전 성가대 자리에 내 성경책 가방을 놓아두고 본인 자리로 돌아간다. 예배 후 축도가 끝나면 앞으로 나와 내 성경책 가방을 다시 들고 간다.

난 유방암 진단을 받았고 임파선까지 깊게 수술해 오른손으로 무거운 것을 들면 안 된다. 그래서 퇴원 후부터 어머니가 내 성경책 가방을 들고 교회에 가는 것이다.

'그깟 게 무거우면 얼마나 무거울까?' 흰머리 소녀는 신성한 의식처럼 가방을 든다. 말로 다 할 수 없는 안타까움과 애절함을 온몸과 마음으로 느끼는 것 같았다. 어머니께서는 교회에서 누가 보든, 뭐라 하든 신경 쓰지 않으신다. 예배 전 가방을 갖다 놓고, 예배가 끝나면 아무도 의식하지 않고 당당히 걸어 나와 가방을 들고 가신다.

흰머리 소녀의 당당한 발걸음을 보면서 온 성도들은 가슴이 촉촉해진다.

기도를 마치고 눈을 뜨면 가방은 없다.
옆의 성가대원이 내게 말한다.
"두 분을 보면 마치 전생애 부부였던 거 같아요!"

다시 태어나도 어머니 며느리로
태어날 거예요

"나는 다시 태어나도 어머니 며느리로 태어날 거예요." 주변 누구에게나 이렇게 말하곤 한다. 직장에서 같은 말을 했더니 한 후배가 말했다.

" '그건 선배님 생각이고 아마 어머니는, 다음엔 네가 시어머니로 태어나거라' 하실 거예요."

듣고 보니 맞았다. 정말 내 입장에서만 생각했던 것 같다. 밤늦게 집에 도착하니 어머니께서 누워 계셨다. 얼굴 가까이에 대고 여쭈어볼 게 있다고 하였더니 침대에서 내려오셨다.

후배가 했던 말을 전했다.

"나는 다시 태어나도 어머니 며느리로 태어날 거라 했더니, 그건 내 생각이고 어머니께서는 '다음엔 네가 시어머니로 태어나렴!' 하고 말할 거라 했어요. 어머니 마음은 어떠세요?" 했더니 "그 후배가 틀렸다!" 하신다.

어머니의 눈빛은 잠결이 아니었다. 내 말이 맞았다.

'나는 다시 태어나도 어머니 며느리로 태어날 거예요!'

거기 내가 했다. 행주와 걸레를 놓았다

어떻게 해야 어머니께 잘하는 걸까? 무엇을 해야 할까? 며느리랑 함께 살지 않겠다고 강하게 말씀하시는 어머니를 설득하고 애원해서 집으로 모셨다. 이사 첫날 퇴근하고 서둘러 집에 왔다. 무엇을 해야 할지 몰라 일단 방 청소를 시작했다.

청소하는 나를 보시고 어머니 하시는 말씀,

"거기 내가 했다."

얼른 걸레를 놓았다.

둘째 날도 퇴근 후 서둘러 집으로 왔다. 이번에는 화장실을 청소했다.

청소하는 나를 보시고 어머니 하시는 말씀,

"거기도 내가 했다."

셋째 날도 서둘러 집으로 왔다.

무얼해야 하는 걸까? 어머니와 같이 살면? 주방으로 가서 어머니 계시는 씽크대 쪽으로 다가갔다.

순간!

더 이상 가면 안 될 것 같은 강한 기운을 느꼈다. 침범하면 안 될 것 같은 두꺼운 선이 보이는 듯했다.

아! 이건 뭘까? 어머니와 함께 산다는 건 둘 중 하나구나! 첫째는 어머니를 대비마마로 모시면서 모든 것을 다 해드리며 섬기는 것! 또 다른 하나는 아무것도 못하는 한심한 며느리로 사는 것!

첫째를 할 수는 없다. 그래서 둘째를 택했다. 차라리 아무것도 못하는 애물단지 같은 며느리가 되기로 결심했다. 삼십 년이 지난 지금도 마찬가지다. 해주는 대로 먹고, 안 주면 안 먹고, 걸레로 설거지를 하시든 양동이에 밥을 하시든 관여하지 않는다. 집안 살림은 한 사람이 해야 한다는 것을 어머니와 함께 한 3일 만에 알게 되었다.

그리고 그날부터 행주와 걸레를 손에서 놓았다.

그래, 데려 와라!

딸아이를 낳고 친정엄마가 오셔서 키워주었다. 결혼 전부터의 약속이다. 백일이 되기 전 엄마는 딸아이를 데리고 강원도로 내려가셨다. 서울에서는 도저히 못 살겠다고.

나는 주말마다 딸을 보러 내려갔고 아이가 엄마 얼굴을 알고 난 뒤는 헤어질 때마다 이산가족의 아픔을 겪었다.

그러던 어느 날. 딸이 8개월쯤 되었을 때 여느 주말처럼 내려갔다. 엄마는 부엌에서 아이를 업고 나오셨다. 아궁이에 불을 때는 부엌이었다. 검은 재가 아이의 콧물과 엉켜 있었다.

왈칵, 눈물이 났다. 아이를 데려 가고 싶었다. 하지만 당장 봐줄 사람이 없다. 이산가족처럼 헤어지고 돌아오는 내내 무어라 표현 못할 눌림이 있었다.

월요일 저녁, 퇴근하고 시댁으로 갔다. 마침 어머니 혼자다. 무릎을 꿇고 말씀드렸다.

"어머니, 은혜를 좀 봐주세요. 데려오고 싶습니다."

어머니는 저를 물끄러미 바라보시더니 한 말씀하셨다.

"그래, 데려와라!"

그 주 토요일 딸아이를 데리고 올라왔고, 어머니는 이십여 년 해오신 광장시장 포목 일을 접으셨다.

단 한 순간도, 삼십 삼 년이 지난 지금도 그날 밤을 잊지 못한다. 그날 어머니와 함께 가서 먹었던 삼다도 아귀찜. 그리고 마법 같은 소리.

"그래, 데려와라!"

하나님을 기쁘게! 어머니를 기쁘게!

삶의 목표를 물으면 나는 주저없이 말한다.
첫째는 하나님을 기쁘게!
둘째는 어머니를 기쁘게!라고.

어머니, 막내 시누이, 딸아이. 셋이 살다 시누이가 시집을 가게 되었다. 어머니는 원치 않았지만, 우리 집으로 들어오셨다.

신혼 여행 다녀온 시누이를 이바지 보내고 난 뒤, 나는 밤 근무를 마치고 한숨 자고 일어났다. 어머니 이삿짐이 들어오는 날이다. '파리의 여인'이라 불리는 멋스런 형님, 시누이들이 함께 오셨다. 어머니를 보호하려는 호위무사처럼.

나는 문에 기대어 싱크대 쪽을 바라보며 앉아 있었고, 어머니는 싱크대를 등지고 서 계셨다. 고개를 들어 어머니 옆 모습을 보고 바로 고개를 숙였다.

차마 바라볼 수 없는, 같은 여자로서 느껴지는,
고뇌와 번민과 망설임과 후회와 두려움.

말할 수 없는 어머니 마음을 읽을 수 있었다.

아! 저 모습. 저 고뇌와 번민의 모습을 행복으로 바꿔 드려야겠다. 그 순간 나는 결심했다. 주방에 있던 그릇들을 싱크대 아래로 옮기고, 어머니께서 가지고 오신 그릇 일체를 주방에 올려놓았다.

이 나간 사기 접시, 양은 냄비, 어머니의 손때 묻은 그릇들이 주방을 차지했다. 그리고 지금까지 주방의 주인이다.

나는 가끔 나에게 묻는다. 어머니 이사 오던 날 싱크대 앞 그 모습을 기억하니?

유치원 놀이

"요즘 유치원에서 배우는 게 문제가 있는 것 같다"라고 어머니께서 말씀하셨다. '무슨 일이냐'고 되물었더니, '매일 유치원 다녀오면 딸아이와 어머니가 베란다에서 유치원 놀이를 한다'고 했다. 딸아이가 선생님을 하고 어머니가 유치원생이 되는 것이다. 그런데 요즘 계속 '맴매, 맴매. 손바닥 내보세요. 몇 대 맞을래?' 한다는 것이다. '아마도 선생님이 그러니까 그대로 하는 게 아닌지'라고 걱정스럽게 말씀하셨다.

2주 정도 지났을 때, 유치원 선생님을 만났다. 그리고 할머니와 유치원 놀이에서 딸아이의 말을 그대로 전했다. '할머니가 걱정하시더라'면서. 선생님께서는 흔쾌히 받아 주셨다.

"아, 네에. 그런 일이 있었군요. 유치원에서 별일은 없지만 앞으로 더욱 신경 쓰겠습니다."

어머니는 작은 것 하나도 허투루 넘기지 않으신다. 가족을 돌보시는 일에 진정 가슴 따뜻한 교육자다. 그렇게 키워주신 어머니의 유치원 선생님은 두 아이의 엄마가 되었다.

지들이 다 알아서 해요

'어머니 얼굴에서 행복을 느끼게 해드리겠다'고 다짐했던 난 실제 할 게 없었다. 그래서 어머니 이야기를 듣는 일을 택했다. 어릴 적 소녀 시절부터 결혼, 시부모님 섬김 등 어머니의 보따리는 한없이 풀려나왔다.

듣고 또 들어도 재미있고 같은 이야기를 들어도 새로웠다. 이야기를 듣다 보면 어느새 잠들곤 했다. 그렇게 어머니 방에서 자기를 밥 먹듯 했다. 문득 어머니와 정서가 같다는 걸 발견했다. 얼마나 경이로운 일인가?

어느 날 어머니께서 시누이에게 심각하게 걱정을 털어놓았다고 한다. "애미가 저렇게 허구헌 날 내 방에서 자면 지 애비는 어쩌냐?"고. 그 말을 듣고 시누이는 대답하길 "'엄마, 걱정 마요. 지들이 필요하면 다 알아서 해요'라고 말했는데 언니 맞지?" 한다. 시누이와 나는 박장대소를 했다. 맞다, 필요하면 다 알아서 한다.

역시 울 어머니 짱이다.

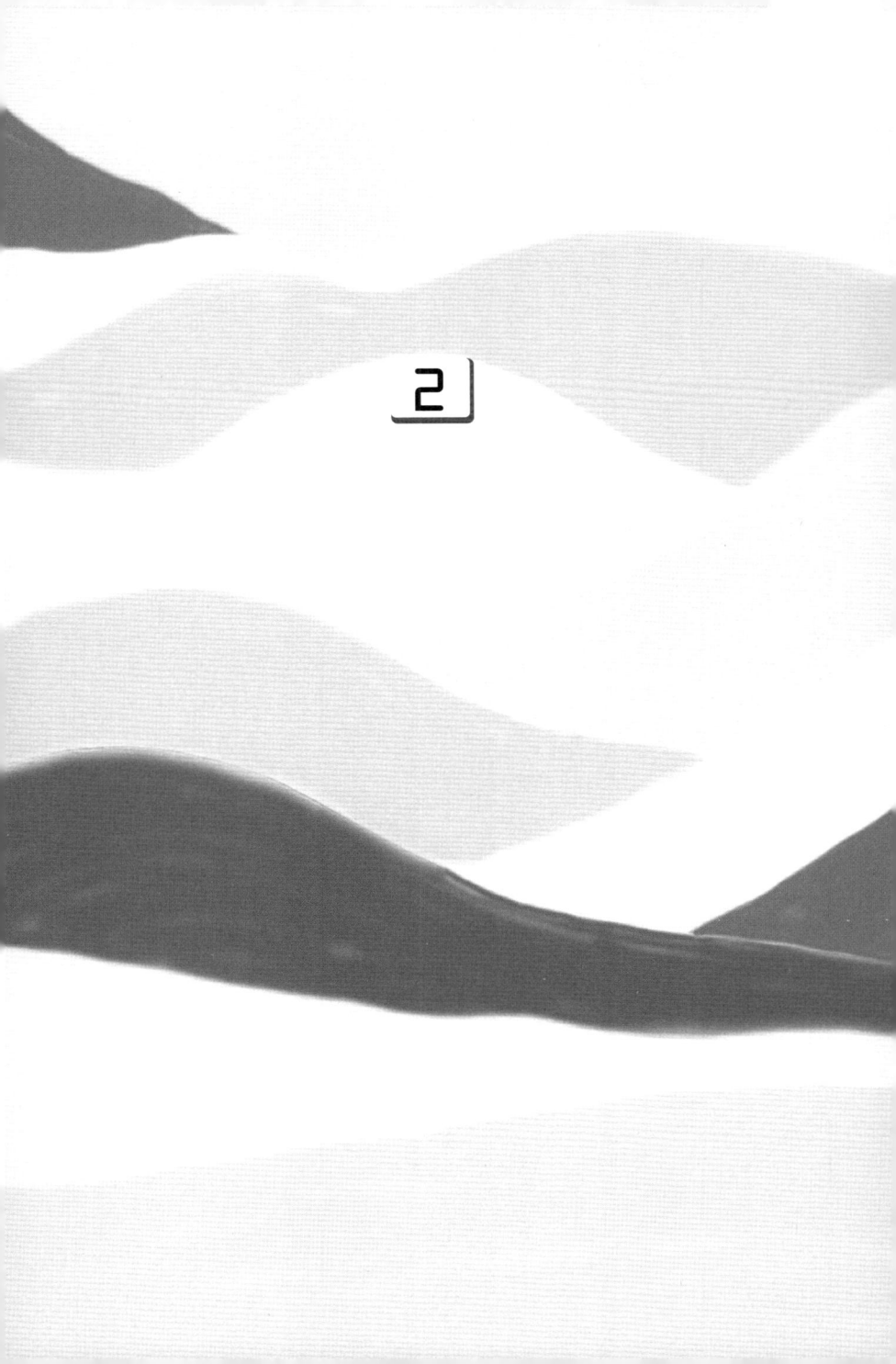

어머니는 해결사

남편은 쉬는 날 온전히 쉬기를 원한다. 어머니는 쉬는 날 밖으로 나가길 원하신다. 난 어머니 편이다.

내가 잘 할 수 있는 건 운전이다. 어머니 모시고 드라이브하고 맛집 탐방. 그거 잘한다.

어느 토요일 아침, 남편과 이견이 생겼다. 도움을 요청하는 눈빛으로 어머니께 여쭈었다.

"어머니, 어떻게 할까요? 난 어머니와 나가고 싶은데요."

어머니 대답은 명쾌했다.

"애비는 있으라 하고 우리만 가자."

그때부터 주말 고민이 한 번에 해결되었다. 남편은 집에서 라면 먹으며 있고, 어머니와 딸아이와 나는 신나게 맛집 투어를 시작했다.

춘천까지 안 가본 레스토랑, 카페가 없다. 온전히 해결사 덕분이다. 어머니는 해결사다.

그럼, 저는 낳기만 할게요

어머니와 함께 살아온 지 2년이 되었고, 딸아이는 네 살이 되었다. 어머니께서는 종종 둘째 이야기를 하셨다. 힘 있을 때 키워 줄 테니 하나 더 낳으라고. 결혼 전, 남편과 약속은 하나는 낳아서 키우고, 하나는 입양을 하는 것이었다. 그렇게 하고 싶었다. 가슴으로 낳은 아이와 배 아파 낳은 아이를 똑같이 키우는 것. 그것으로 사랑을 실천해 보고 싶었다.

결혼하고 나니 쉬운 일이 아니었다. 하나 더 나으라는 어머니 말씀도 일리는 있지만 망설여졌다. 어느 날 저녁을 먹는데 또 말씀하신다. 나는 대답했다.

"어머니, 그럼 저는 낳기만 할게요"라고.

그리고 다음해 아들을 낳았다. 아들을 데리고 자본 기억이 없다. 우유를 주려고 밤에 깨어본 적도 없다. 아들은 무럭무럭 잘 자랐고 사인을 받아 두어야 할 만큼 멋진 청년이 되었다.

지금도 아들 안부를 어머니께 여쭤본다. 손주가 그날 먹은 음식부터 퇴근한 시간까지 다 알고 계신다.

아, 하늘이다! 구름이다!

'회장 임기를 마치면 무엇을 제일 먼저 할 거냐'고 수없이 나에게 물었다. 그때 '나는 늘 첫날 아침은 정말 잠을 실컷 자고 싶다. 그리고 어머니가 만들어 주신 초고추장에 밥을 비벼 먹고 싶다. 어머니와 함께. 그것이 내가 하고 싶은 첫 번째 일'이라고 답했다.

어제 공식 일정을 마무리하고, 2022년 4월 1일 아침을 맞았다. 코로나도 범접할 수 없었던 일정 속에 진통제를 먹어가며 버텼다.
침대 위에서 고현숙 원장님의 전화를 받았다. 존경하고, 존경하는 분이다. 내 인생에 파스텔톤을 입혀주신.

통화를 마치고 침대 위에서 창밖을 보니, 너무도 경이로운 모습이다. 파란 하늘에 뭉게구름이 어우러져서 나를 기다리고 있었다. 그렇구나, 저들이 나의 이때를 기다리고 있었구나! 이제

어서 일어나 세상이 주는 특별한 선물, 하늘과 구름을 좀 보라고 하는구나. '나는, 성공했다!'
 원 없이 '물 만난 고기'로 일하고 퇴임 후 첫날 아침, 늦잠에서 일어나 침대 위에서 하늘과 구름을 맞는다.
 아, 덤으로 주신 이 감격스러운 특별한 축복.
 하늘이다! 구름이다!

 어머니는 식사를 준비하신다. 아마도 초고추장에 스테이크일 것 같다. 이 또한 축복이다. 나는 어머니께 애물단지인데.

그렇게 일했는데 밥 한끼 안 사주냐

"6년 전 회장님을 모시고 진주를 다녀오던 그때가 생각납니다. 너무 좋았습니다. 오늘, 회장님 임기 마지막 날 모시게 되어 하나님께 감사합니다."
직원과 회장을 넘어선 아름답고 진솔한 고백이 이어졌다.

어느새 아파트에 도착했고 차 안에서 함께 기도를 드렸다. 국장을 위해 기도하고, 그 가정을 축복하고, 사무처 모든 직원들을 축복했다.
선물 꾸러미와 짐을 들고 현관문을 열었다. 어머니, 남편, 시누이가 계셨다. 짐을 내려놓으며 국장은 깍듯이 예를 갖춘다. 그 모습이 자랑스럽다. 능력과 매너를 겸비한 최고의 엘리트다.
인사하고 나가는 길을 따라 내려갔다. 차가 안보일 때까지 손을 흔들어 주었다.

어둡기 전에 집에 들어온 것이 너무 어색하다. 자정이 다 되어서 새벽에 들어오곤 했는데. 정성껏 차려진 저녁을 먹는데 한참을 바라보시더니 흰머리 소녀가 한 말씀하신다.

"그렇게 일했는데 밥 한끼 안 사주냐?"

아, 어머니 마음! 일정상 직원들과 밥 한끼 같이 못 먹은 거는 맞다.

차도 가져가니?

어머니께서 조금 굳은 표정으로 물으신다.
"차도 가져가니?"
"무슨 차요? 어머니."
"네가 지금 타는 차 말이다."
"아, 네. 당연히 회사 차니까 두고 옵니다."
아마도 흰머리 소녀는 여러 가지가 궁금한가 보다.

퇴직하면 차는 어떻게 되고, 무슨 일을 또 할 건지? 염려 반 궁금증 반이신 것 같다. 아, 어머니 염려와 궁금증을 슬쩍 해결해 드려야겠구나.

그날 밤, 생각했다. 퇴직 열흘 전에 새로 탈 차를 보여드리면 되겠다고. 기도하면서 준비했다. 하나님께서는 흰머리 소녀의 마음을 미리 아시고 준비하고 계셨나 보다.

생각보다 더 일찍 보름 전에 차를 보내주셨다. 그리고 보너스 선물로 집 앞에 전철역도 개통해 주셨다. 하나님은 3월 15일 승용차를 계약하게 하시고, 3월 18일에 보내주신 것이다. 그리고 덤으로 3월 19일 집 앞에 오남역 전철을 개통시켜 주셨다. 이 얼마나 놀라운 일인가? 숫자에 정확하신 하나님께서 염려하지 말라고 흰머리 소녀께 사랑의 물증으로 쐐기를 박았다.

어머니께 말씀드렸다.
"어머니 마음 아시고 차를 보내주시더니 전철까지 주시네요. 어머니 덕분입니다. 감사합니다, 어머니."

인사드리며 살짝 안아드렸다. 어머니 얼굴에 특유의 밝은 미소가 넘친다. 우리 어머니 말씀 한마디면 뭐든 다 해결된다.
"차도 가져가냐?"가 만든 기적이다.

앗, 고구마 향이다

어머니가 마트에 다녀온 이야기를 신나게 하신다. '콩나물, 두부, 오이…. 그런데 오이가 비싸다. 몇 번을 쉬면서 왔다'며 쉴새 없이 말씀하신다.

고구마가 먹고 싶었다. 늘 있던 식탁 위 소쿠리가 없었다.

"어머니, 고구마는 안 사오셨어요? 먹고 싶은데."

"사왔다. 요즘 에미가 잘 안 먹기에 안 했다."

'안 먹은 게 아니고 먹을 시간이 없었는데….'

속으로 침을 꿀꺽 삼키고 방으로 들어와 글을 쓰고 메일을 정리했다. 저녁밥 먹으라고 방에 문을 여는 순간, 집안에 군고구마 향이 가득하다.

앗, 고구마 향이다. 속으로 꿀꺽 삼킨 소리까지 어머니가 들으셨나?

아, 못 말리시는 우리 어머니, 흰머리 소녀!

말만 하면 뭐든 나오는 어머니는 사랑의 요술방망이다.

할머니가 질투해

다섯 살 아들이 이불을 끌고 몇 번을 내방에 들락날락한다. 하던 일이 있어, '왜 그러지?' 생각만 했다. 할머니 방에서 같이 자는 아들이 또 들어왔다. 눈빛에서 어리광과 애틋함이 느껴졌다.

아들을 나직이 불렀다.
"동훈아, 왜? 엄마랑 자고 싶어?" 아들이 대답했다.
"응, 같이 자고 싶어."
"그럼 엄마랑 같이 자! 오늘."
"할머니가 질투해!" 하면서 이불을 끌고 다시 나간다.
순간 가슴이 따뜻해졌다. 온전한 할머니 사랑 속에 자란 아들.

이불을 끌고 다니던 그 아들이 이제 스물아홉 청년이 되었다.

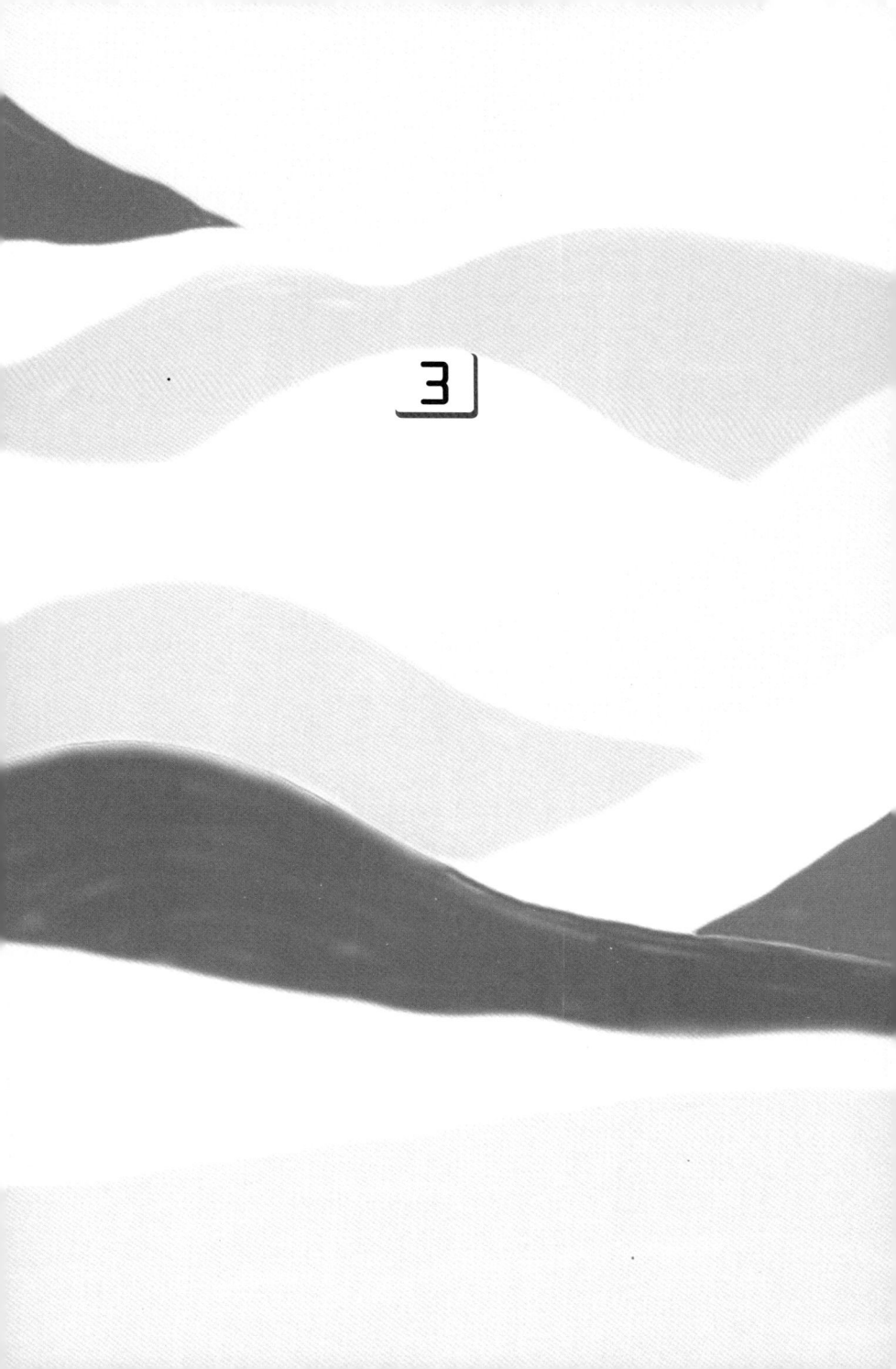

하얀 거짓말

방문 너머 들리는 기침 소리가 예사롭지 않다. 죄송한 마음이 들었다. 앙상한 다리, 엉켜 있는 머리카락. 쉰 듯 들리는 기침 소리가 가슴을 후벼 팠다.

갈비탕을 드시면 좋아질 것 같았다. 채식을 좋아하는 어머니께서 유일하게 드시는 육류. 샤브샤브와 갈비탕이다.

서둘러 화장을 하며 말씀드렸다.

"어머니, 화장하고 갈비탕 먹으러 가요."

어머니 대답은 단호했다.

"안 간다. 안 먹고 싶다. 기침이 심해서 가면 민폐다. 갈비탕 안 먹는다."

다시 말했다.

"어머니, 저 갈비탕 먹고 싶어요. 같이 가서 먹고 싶어요."

화장을 하는 동안 꿈쩍 않고 앉아 계신다.

"어머니, 예쁜 옷 입으세요. 그리고 어여 가요."

"밥 먹으러 같이 갈 사람 있냐?"

어머니께서 물으셨고, 나는 대답했다.

"아니요, 어머니와 둘이요."

내가 옷을 챙겨 입고 나오니, 어머니는 보랏빛 여인이 되어 있었다. 어머니께서 기분 좋을 때 입는 옷. 보랏빛 여인.

사장님께서 어머니를 아주 반갑게 맞아 주셨다. 갈비를 잘게 썰어 다 넣어 드렸다.

충분한 시간을 갖고 천천히 먹었다. 어머니 그릇이 먼저 비워졌다. 바닥이 보였다. 남은 게 거의 없었다.

어머니 하시는 말씀.

"아, 잘 먹었다. 다 먹었다."

갈비탕 먹으러 안 간다고 했던 어머니 말씀은 하얀 거짓말이었다.

절제된 슬픔, 에미야 너는 할 수 있다

어머니와 함께 산 지 10년 되던 해. 유방암 진단을 받았다. 한쪽 유방을 절제해야 했다. 청천병력이었다.

한쪽 가슴을 버리고 더 건강하고 더 행복하게 살아왔다.
오늘이 있기까지는, 절제된 슬픔을 표현한 어머니의 한마디 말 때문이다.

첫번째 항암치료를 마치고 퇴원했다. 어머니께서 차려주신 밥상은 단백하고 정갈했다. 미리 배운 것도 아닐 텐데 절제된 음식임이 한눈에 느껴졌다. 수저를 드는 순간 참았던 눈물이 주르르 흘러내렸다. 병원에서 단 한 번 보일 수 없던 눈물이 어머니 밥상 앞에서 흐르고 있었다. 고개를 들 수 없었다. 어머니와 눈이 마주칠까 봐.

눈물 반 국물 반으로 식사를 하며 수저를 든 손이 떨리고 있었다. 식사를 마쳤을 때 단호하면서도 나즈막한 목소리가 들려왔다.
"에미야, 너는 할 수 있다!"
그 한마디 외에 아무 말씀도 하지 않았다. 지금까지.

언제나 '바로 세우는 1형'

일주일에 한 번씩 거실에 꽃꽂이를 했다. 직장에서 꽃꽂이를 하고 소재를 가져와 다시 작품을 했다. 어머니와 함께 살기 시작할 무렵 꽃꽂이 기본형을 마치고 기울이는 형을 배우고 있었다.

어느 날, 기울이는 제4형의 작품을 완성했다. 소재도 맘에 들고 모양도 예쁘게 잘 나왔다. 저녁에 퇴근해 보니, 아뿔싸! 꽃이 모두 하늘을 바라보고 서 있었다. 바로 세우는 기본 1형이었다. 깜짝 놀라 어머니께 여쭈었다.

"어머니, 꽃이 다 서 있네요?"

어머니 대답은 간단했다.

"애들 다니는데 옆으로 있는 게 거추장스러워 다 세웠다. 세우니 더 낫다."

아, 그때부터 우리 집 꽃꽂이는 바로 세우는 기본 1형의 작품으로 재탄생했다.

언제 할라꼬? 아고, 무시라!

35년 다니던 직장을 그만둔 다음날부터 다시 회장으로서의 업무를 시작했다. 전 직장에서 가져온 짐은 베란다에 두었다.

어머니께서 늘 물으셨다.

"저 베란다 짐은 언제 정리할래?" 나는 대답했다.

"네, 회장 마치면 할게요." 그리고 7년이 지났다.

며칠 전, 7년간 회장 임무를 마치며 짐을 가져왔다. 쇼핑백 마흔일곱 개다. 거실 한쪽에 모아 놓았다. 그냥 보기만 해도 숨이 막힐 것 같다. 그런데 나는 전혀 불편하지 않다.

어머니께서 말씀하신다.

"언제 할라꼬? 아고, 무시라!"

베란다에는 7년 전 짐이 그대로 있다. 거실에 들여놓은 새로운 짐이 또 7년을 간다면 나는 칠십이고, 흰머리 소녀는 아흔여덟이다. 아마 그때도 오늘과 똑같이 말씀하실 거다.

"언제 할라꼬? 아고, 무시라!"

나는 어머니를 바라보며 '씨익' 웃었다. 나는 애물단지다!

시에미 죽으면 다음날 다 버리더라

　나의 한 가지 소원은 어머니께 안방을 내어 드리는 것이다. 어머니는 우리 집에 오셔서 작은방을 사용하셨다. 함께 산 지 십 년이 되던 해, 그 소원을 이루게 되었다.
　어머니와 가구점에 갔다. 한 바퀴 둘러보고 어머니께 말씀드렸다.
　"어머니 마음에 드는 게 어떤 거예요?"
　어머니는 의아한 표정을 지으며 말씀하셨다.
　"에미가 쓸 거니 젊은이들 좋은 걸루 해라."
　나는 어머니를 바라보며 말씀드렸다.
　"어머니께서 쓰실 건데요? 어머니께 안방을 드리는 게 제 소원이었어요."
　"다 늙어 혼자 쓰는데 무슨 안방이냐? 쓸데없는 소리 하지 마라. 안 쓴다."

　나는 간곡히 말씀을 드렸다. 그리고 어머니께서 하시는 말씀.

"장롱이고 뭐고 주변에 보니 시에미 죽고 나면 그 다음날 다 버리더라."

나는 다시 말씀드렸다.

"에이, 그건 그 집 며느리고, 저는 어머니 장롱 끝까지 쓸 거예요. 그러니 염려 마시고 저에게 물려주고 싶은 걸로 고르세요."

어머니는 평범한 오크 장을 고르셨다. 돌아오는 차에서 룸미러로 뒷자리의 어머니를 슬쩍 보았다. 말없이 웃고 있었다.

이십 년이 지난 지금도 어머니 방엔 열두자 오크 장이 그대로다. 방에 들어갈 때마다 그때 그 말씀이 생각난다.

"시에미 죽고 나면 다음날 장롱 다 버리더라."

"걱정마세요, 흰머리 소녀. 저는 계속 사용할 거예요."

어머니, 돌아가시려고요? 못 돌아가세요

나는 화장을 거실에서 한다. 화장하는 데 한 시간이 걸린다. 머리 만지는 시간까지 합하면 두 시간. 아무리 빨라야 한 시간 반 이상이다. 그 모습을 삼십 년간 지켜보신 어머니는 얼마나 속이 탈까. 그래도 난 웃는다.

얼마 전 변함없이 아침 화장을 하는데 어머니는 벌써 빨래를 너신다. 한참 움직이시면서 혼잣말을 하신다.
"내가 없으면 빨래는 누가 하노? 하루에 한 번씩은 세탁기를 돌려야 하는데."
화장을 멈추고 어머니를 바라보며 말했다.
"어머니, 왜요?"
어머니 말씀.
"내가 평생 사는 것도 아니구, 이제 살 날도 얼마 안 남았다."
나는 대답했다.

"어머니, 누가 할 사람 없는데요. 어머니께서 하셔야 하는데요. 에이, 어머니 돌아가시려고요? 못 돌아가세요. 어머니 지금처럼 백수를 누리게 해 달라고 제가 기도하는데요. 절대 못 돌아가십니다, 어머니이" 했더니, 어이가 없는지 식탁으로 가시면서 하시는 말씀.

"얼른 밥이나 묵으라."

애물단지 며느리를 더 이상 나무라고 싶지 않은 표정이다.

'어머니, 돌아가시려고요? 절대 못 돌아가십니다!'

할머니의 방학 숙제

딸아이와 아들은 할머니와 동행하지 않으면 차를 안 탔다. 할머니 혼자 집에 계시면 심심해서 안 된다고 했다. 할머니가 질투한다는 걸 아는 아이들은 늘 할머니와 함께 움직였다. 나는 아이들에게 고마운 마음이었다.

방학이 되었다. 유치원과 학교에서 숙제를 내줬다. 뮤지컬 관람, 영화 보기, 연날리기, 미술관 다녀오기 등.
우리는 항상 네 명의 표를 예매했다. 은혜, 동훈, 할머니, 그리고 나. 아이들과 뮤지컬을 보고, 영화를 보고, 연을 날렸다. 할머니는 넷 중 가장 열심히 숙제를 했다. 아이들 방학 숙제 사진은 흰머리 소녀까지 항상 세 명이다.
나는 사진 담당이다. 할머니를 꼭 가운데 서라고 했다. 처음에는 싫다고 애들만 찍으라 하시더니, 자연스레 사진의 주인공이 되었다.

방학 숙제하던 아이들은 시집을 가고, 독립을 했다. 시간만 나면 지금도 나는 어머니 사진을 찍는다.
"어머니, 여기 보세요. 웃으세요. 스마일!"
뭐 하러 자꾸 찍느냐며 손사래를 치면서도 포즈를 취한다. 구순이 넘은 흰머리 소녀는 지금도 방학 숙제 중이다.

허연 머리는 나밖에 없어 안 간다

　주말에는 항상 어머니와 함께 움직인다. 직장에서 일어나는 일에도 마찬가지다. 직원들 아이 백일잔치, 돌잔치, 직원들 결혼식. 피로연장에서는 혼주보다 먼저 어머니께 인사를 온다. 그렇게 어머니는 전 직원들 어머니가 되셨다. 행사 마치고 집에 돌아오면 늘 같은 말씀을 하신다.

　"에미야, 오늘 보니 허연 머리는 나밖에 없더라. 다음부턴 안 간다."
　그 다음 주에 또 돌잔치가 있었다. 아끼는 후배다.
　"어머니, 오늘 돌잔치에 가요. 예쁜 옷 입으세요."
　"허연 머리는 나밖에 없던데 안 간다."
　그렇게 말씀하시는 어머니는 이미 화장을 다 마치셨다.
　우리는 아무 일 없던 것처럼 차에 탄다.
　뒷좌석 어머니 양쪽에 딸아이와 아들이 앉아 있다.

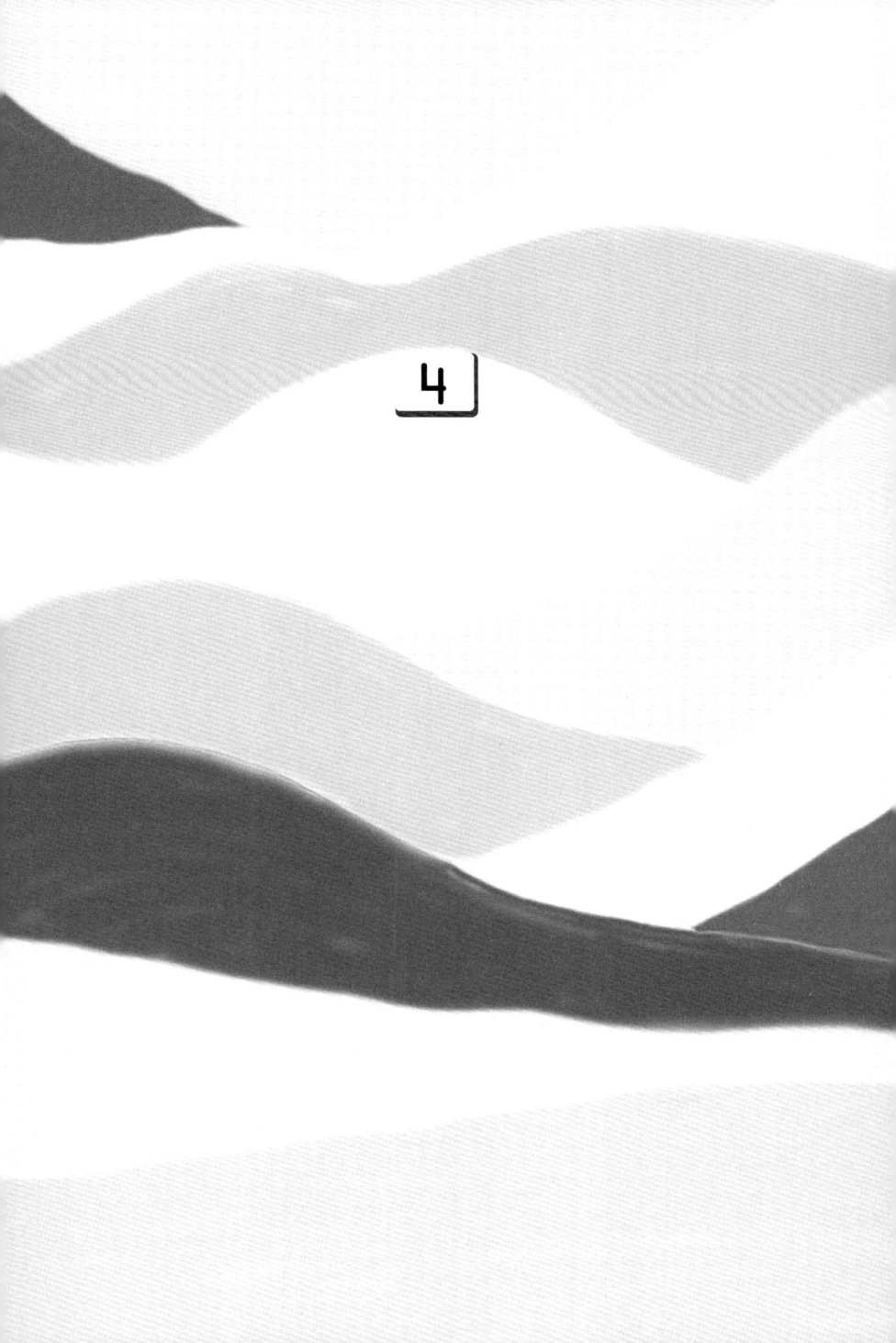

엄마가 해 놓은 죽, 먹지 마요

밤늦게 지방에서 돌아와서 어머니 방에 가서 인사를 드렸다.
"어머니, 오늘 뭐 좀 드셨어요?"
어머니는 실눈을 뜨고 말씀하신다.
"오늘 못 먹었고 저녁도 안 먹었다."

가슴이 철렁했다. 기침을 심하게 하셔서 약을 드셔야 하는데 종일 아무것도 안 드셨다니.
거실로 나왔더니 남편이 말한다.
"어머니가 해 놓은 죽, 먹지 마요. 어머니가 드시려고 해 놓으면 은혜 엄마가 다 먹는데요."
무슨 소리인지 되물었더니 남편은 말한다.
"저녁에 수프를 끓여서 드시고 남은 걸 어머니 방에다 감추면서, 은혜 에미가 먹을까 봐 그런데요. 어머니가 욕심이 많아져서 걱정이네, 참."

삼십 년 만에 처음 듣는 소리다. 남편은 내가 먹을까 봐 감춘다는 말이 무슨 뜻인지 모르는 눈치다.

나는 대답했다.

"그럴 수도 있지요."

그러면서 속으로 되뇌었다.

"어머니, 애물단지 며느리는 잊지 마세요."

어머니는 작년에 치매 등급을 받으셨다.

내가 제일 사랑한 사람은 너다

밤 근무를 마치고 잠을 잘 때, 혹은 쉬는 날 늦잠을 잘 때, 어머니는 행여 내가 깨기라도 할까 봐 항상 거실을 비워 둔다.

시누이가 안방에 어머니와 함께 있었다. 나는 잠에서 깨어나 거실로 나와 같이 놀자고 했다.

시누이는 말했다.

"엄마한테는 며느리밖에 없어. 맛있는 것도 은혜 에미 거다. 은혜 에미 깬다. 딸은 안중에도 없는 거지. 언니는 좋겠수."

나는 말했다.

"어머니와 내가 이렇게 잘 지내는 것은 둘 사이에 시누이가 없기 때문이에요. 우리 집에 와서는 딸 역할만 해주세요. 어머니와 저 사이에 시누이가 끼면 그날로 이 행복은 깨질 수도 있어요. 어머니와 쇼핑하고, 미용실 가고, 맛있는 것 사 드리고, 목욕탕 가고, 그런 것만 해주세요. 그리고 어머니가 며느리에 대해 긍정적인 대답이 나올 질문만 해주세요."

겉으로 보기엔 시누이 노릇깨나 할 것 같았던 차도녀 모습의 시누이는 고개를 끄덕였다.
 나는 시누이에게 다시 말했다.
 "숙희 아가씨. 미안하지만 어머니 소천하는 마지막 순간, 우리 모두 함께 임종을 지킬 때, 어머니의 마지막 말은 내 손을 잡고, '에미야! 이 세상에서 내가 제일 사랑한 사람은 너다'라는 말을 듣고 싶어."
 시누이는 아무 말 없이 나를 바라보았다.

너만 오면 안 되니

사람들은 우리 집을 '독특하다'고 한다. 친정에 갈 때 항상 어머니와 아이들이 함께 간다. 어머니 빼고 간 기억이 없다. 딸아이와 아들이 항상 할머니와 동행해야만 차를 타기 때문이다.

그러다 보니 동네 사람들은 말한다.

'옥이네는 참 이상해, 사돈이 사돈집에 항상 같이 오셔.'

우리는 항상 그랬다. 어느 날, 언니 집에 갈 일이 생겼다. 언니도 엄마 계신 동네에 산다. 언니가 전화를 했다.

"언제쯤 도착하니? 누구랑 오니?" 나는 자연스럽게 대답했다.

"응, 어머니와 아이들이랑 갈 거야."

언니는 목소리를 한 톤 낮추더니 조심스레 말했다.

"너만 오면 안 되니?"

"왜? 어머니 같이 갈 건데?"

"그래도 사돈 어르신이니 어렵지 얘, 나는."

아랑곳하지 않고 우리는 도착했고 언니는 반갑게 맞아주었다. 나는 웃으며 말했다. "어머니 말고 나만 오라고?"

웬 미역국이에요?

평소처럼 서둘러 출근 준비를 했다. 아침밥을 차려주셨는데 미역국이다.
밥을 먹으면서 물었다.
"어머니, 웬 미역국이에요?"
평소와 다르게 어머니는 아무 말이 없다. 서둘러 아침을 먹고 출근했다. 그날따라 심전도 환자가 많아 하루가 어찌 가는지 몰랐다. 근데 오후 시간에 문득 미역국이 떠올랐다. 뭔가 이상했다. 수첩을 꺼내는 순간 온 세상이 하얗게 보였다.

아, 오늘이 어머니 생신이다. 아뿔싸! 이 일을 어찌해야 할까? 생일날 며느리한테 '어머니, 웬 미역국이에요?'란 말을 들은 어머니는 어떠셨을까?
한순간 마음과 몸이 얼어붙었다. 그 허전하고 야속한 마음을 어찌해야 한단 말인가?

호랑이에게 물려가도 정신만 차리면 산다는 생각으로 눈을 감은 순간 시누이가 떠올랐다. 하늘 같은 큰 시누이께 전화를 드리고 이실직고했다.

"어머니, 웬 미역국이에요?'라고 했는데 이제 생각났어요. 도와주세요!"

시누이 첫마디는 "어? 토요일에 백화점 간 거 엄마 생일 미리 한 거 아니었어? 그런 줄 알았는데."

그날 저녁 시누이를 총동원해 깜짝 생일파티를 했다. 그리고 머리를 땅에 박았다.

'어머니, 이런 며느리를 어찌합니까? 용서해 주세요.'

나 이제 살림 안 한다, 밥도 안 한다

흰머리 소녀께서 며칠간 심한 기침에 감기 몸살을 앓고 계셨다. 그런데도 밥 한번 안 차려드리고 밤늦게 들어왔다.

지방 일정이 있었다. 인사를 드렸더니 침대에 누워 실눈을 뜨고 작은 목소리로 말씀하신다.

"나 이제 살림 안 할란다. 밥도 안 할란다."

순간 앞이 캄캄해졌다. 그럼 어떡하지? 이 말이 진심일까? 일단 내일까지 지켜보자.

다음날 일찍 호박죽과 전복죽을 사다 드렸다. 그리고 아침이 되었다.

나는 밥통을 꺼내 들고 안방으로 갔다.

"어머니, 여기에 밥을 해요?" 하고 물었다.

어머니는 말씀하셨다.

"그래, 많이 말고 조금만 해라."

사실 나는 조금의 양을 모른다. 그래서 바가지에 두 컵을 씻어서 화장하고 나서 밥하겠다는 생각으로 담가 놓았다. 얼마나 지났을까. 눈 화장이 아직 미완성 단계인데 어머니가 나오셨다. 바가지에 있는 쌀을 보시더니 그냥 밥통에 부으신다.

"먼 쌀을 담가 놓냐? 그냥 해야지" 하시면서 밥을 하신다. 화장이 마무리될 즈음 밥이 다 되었다고 밥통에서 친절한 안내가 들렸다.

어머니와 식탁에 앉았다. 두 주걱 푸고 나니 밥이 없었다. 내가 나온 뒤 어머니는 남편 먹을 아침을 다시 밥을 지으셨을 거다. 역시 우리 집 살림은 어머니가 하셔야 한다.

밥도 그렇다.

뭔 소풍 가요?

남편이 식탁으로 나와서 어머니를 바라보며 묻는다.
"뭔 소풍 가요? 그게 다 뭐예요?"
어머니는 하루도 빠짐없이 간식을 챙겨주신다. 제철 과일에 사과는 필수이고 거기에 고구마와 오이까지. 세 개의 작은 도시락과 물 담은 텀블러까지 준비해 피아노 위에 올려놓는다.

아침마다 어머니의 사랑은 그렇게 담겨진다. 카풀하는 직장 동료들은 '이걸 다 먹느냐'고 놀란 적도 있다.
운전하면서 먹으라고 포크를 넣고, 고구마는 껍질을 벗겨서 한입 크기로 썰어 담으신다. 아침마다 당연하다고 생각하며 들고 나갔는데, 남편이 그 내용물을 본 것이다.
오늘 남편의 말을 듣고 보니 정말 소풍 가는 준비 같았다. 그동안 어머니께서 날마다 나를 소풍을 보내셨구나. 매일의 삶이 '소풍이었다'는 것을 깨달았다.

오늘도 차려 주신 아침을 서둘러 먹고 쇼핑백을 들고 나간다. "어머니 소풍 다녀올게요"라고 인사를 한다. 엘리베이터 탈 때까지 누르고 계시다가 '어여가라'고 손짓하신다. 엘리베이터 안에서 거울을 보며 웃는다.

나는 매일 소풍 가는 애물단지네.

트럭 바짝 따라가지 마라

퇴근 후 현관을 들어서는데 어머니께서 말씀하신다.
"그렇게 트럭 바짝 따라가지 마라."
어떻게 아셨을까? 아침에 빨리 가느라 트럭을 바짝 따라갔는데. 그리고 그 길은 큰 도로인데 어머니가 어찌 아셨을까? 너무 궁금해 다시 여쭈었다.
"오늘 트럭 바짝 따라간 걸 어떻게 아셨어요?"
어머니 말씀을 듣고 주저앉을 뻔했다. 우리 집은 10층인데 내가 나간 후 늘 아래를 내려다 보셨던 것이다. 내 차가 출발하는 모습을. 아파트를 돌아 나가면 앞으로 이동하면서까지 큰길로 가는 내 모습을 보셨던 것이다.

순간 가슴이 먹먹했다. 어머니는 말씀하셨다.
"너는 모르지? 매일 아침 그렇게 보고 있었단다."

다음날 차 옆에 서서 위를 보았다. 어머니 모습이 보였다. 손을 높이 흔들었고 어머니도 손을 흔드셨다. 순간 울컥했다. 야속하게 쌩하고 떠나는 모습만 보던 그 숱한 시간이 가슴속으로 확 들어왔다. 이후 한 사람은 10층에서, 다른 한 사람은 1층 차 옆에서 서로를 향해 손을 흔드는 게 일상이 되었다.
"트럭 바짝 따라가지 마라." 이 말 한마디에.

와이셔츠·넥타이·조끼·바지·양말…

아들은 할머니 침대에서 늘 같이 잤다. 아들이 씻고 나오면 어머니는 아들 바를 로션을 들고 방으로 들어가신다. 반쯤 눈을 감고 아침을 먹은 아들이 방에 들어간다. 어머니 침대 위에 와이셔츠·넥타이·조끼·바지·양말이 한 줄로 정리되어 있는 걸 보고 나는 깜짝 놀랐다. 내 출근 준비가 바빠 미처 알 수 없던 어머니 방의 전경을 처음 본 것이다. 그렇게 준비한 옷을 입고 나면 지갑을 넣어 주신다.

학생증 확인하고 천 원 한 장씩. 나중에 알았지만, 중학생 때는 매일 천 원씩, 고등학생 때는 2천 원씩을 넣어 주셨다고 한다. 어머니는 남편 섬기듯 손주에게 지극정성을 다 하셨다. 아침마다 어머니 침대 위에는 작품이 전시되었던 것이다.
와이셔츠·넥타이·조끼·바지·양말.
어머니께 낳기만 하겠다고 했던 바로 그 아들이 그렇게 섬김을 받고 있는 것이다.

어머니, 가요!

퇴근하고 저녁을 먹는데 뭔가 분위기가 이상했다. 어머니 얼굴에서 희미한 무언가 느껴졌다.
"어머니, 무슨 일 있으세요? 얼굴 표정이 어두워요"라고 묻자, 어머니가 말씀하셨다. "부산 우리 엄마가 병원에 입원하셨단다."
"가고 싶으세요?"라고 묻자 어머니는 말씀하신다. "너무 멀고 열차를 타려니 그렇고."

당신의 어머니 입원 소식을 듣고 종일 고민하신 거 같다. 평일이니 갑자기 휴가 내기 어렵다는 걸 아신 것이다. 어머니 얼굴의 희미한 그 무엇은 부산에 가고 싶은 거였다. 나는 말씀드렸다.
"어머니, 가요! 내일 퇴근하고 와서요."
다음날 퇴근 후 바로 출발했다. 어머니와 둘이.

다섯 시간 걸려 부산에 도착했다. 가는 길에 천천히 가라고 몇 번을 말씀하셨다. 덕분에 속도 제한 지키면서 달렸다. 속도 제한 없는 곳에서는 베스트 드라이버로 달리며 행복했다.
　병실에서 엄마를 상봉한 어머니 모습은 소녀 같았다.
　말끝마다 엄마, 엄마 하면서 손을 꼬옥 잡고 사랑을 나누었다. 이십여 분 지났을까. 이제 가자고 하신다.
　어머니의 엄마는 곱고 맑으셨다. 따뜻하게 안아드리고 나왔다. 집에 도착하니 새벽이었다. 자면 못 일어날 것 같아서 그냥 일찍 출근했다. 이틀 후, 퇴근하고 집에 들어서는데 어머니께서 말씀하신다.
　"에미야, 고맙다. 엄마 오늘 돌아가셨단다."
　그게 마지막 만남이었다.

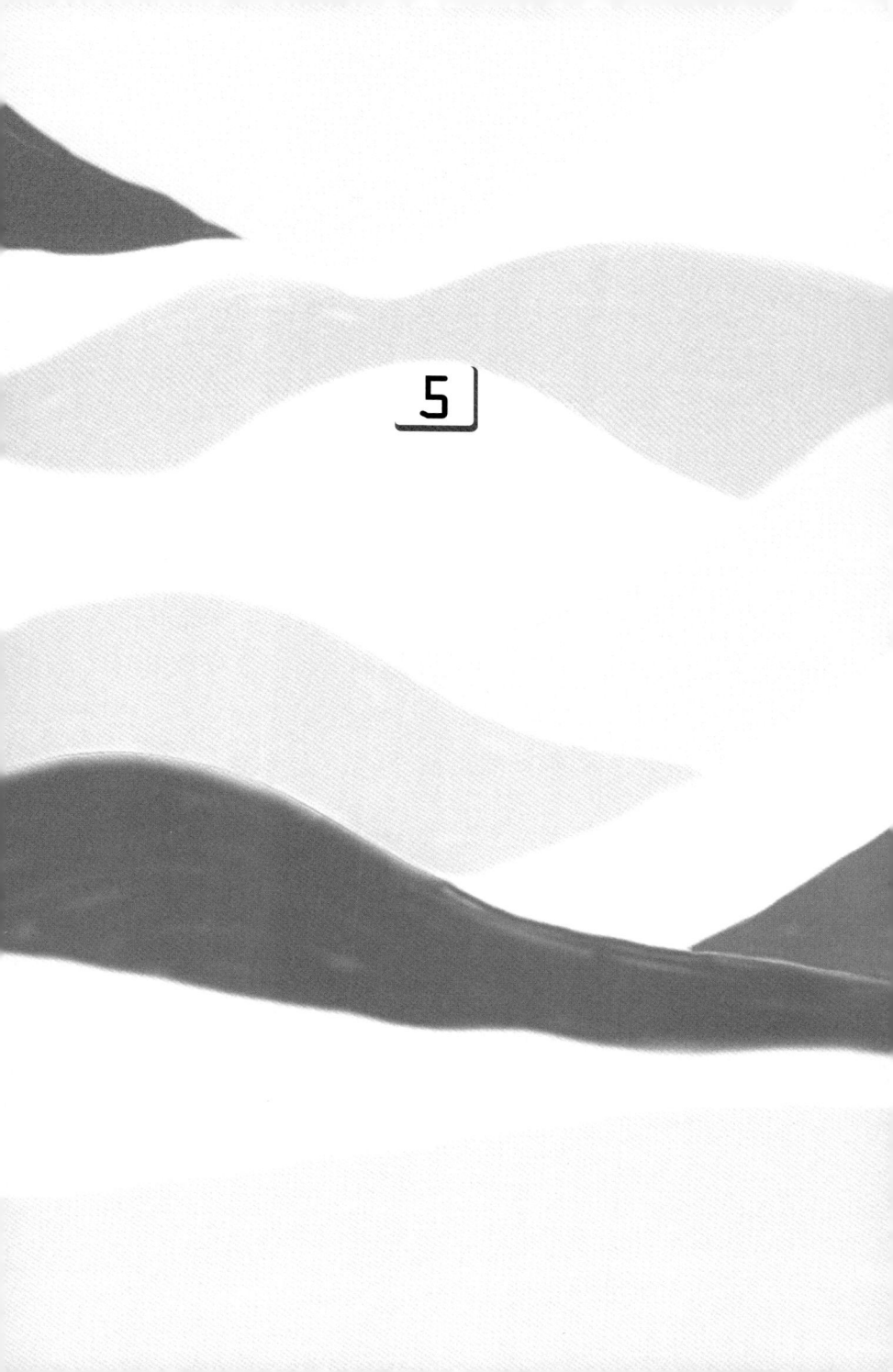

할머니 개근상 드려야겠어요

　어머니는 매일 학교에 가신다. 초등학생 손주의 가방을 메고 신발주머니 들고. 교문을 들어서 복도 입구까지 걸어가신다. 복도 입구에서 실내화를 꺼내 신겨주고 돌아오신다. 비가 오나 눈이 오나. 초등학교 삼 학년까지 아들은 할머니와 함께 학교 가는 것을 당연하게 생각했다.
　어느 날 어머니께서 말씀하셨다.
　"동훈이가 이제 학교 따라오지 말란다. 챙피하다고."
　"그래서요, 어머니?" 하고 물었다.
　어머니 말씀은 "따라오려면 멀찍이 떨어져서 오란다. 그래서 멀찍이 떨어져서 따라간다. 학교 들어가는 거 보고 나는 운동하면서 온다."
　어머니는 그렇게 초등학교를 다니셨다. 그리고 돌아오는 길은 논둑길을 한 바퀴 돈다. 오남 초등학교 녹색 어머니 봉사단은 한결같이 말한다.
　"동훈이 할머니 개근상 드려야겠어요"라고.

바보처럼 사랑한 사람

할머니와 이별 후, 후회로 가득한 마음을 담은 책을 읽었다.

"이럴 줄 알았으면 좀 더 잘해 드릴걸. 누구나 인생의 마지막 순간 여러 후회가 남을 것이다. 그렇다면 누가 마지막에 웃으며 갈 수 있을까? 답은 간단하다. 삶을 '사랑'으로 채운 사람이다. 가장 지혜로운 사람은 누구일까? 다른 사람을 이용해 자기 이익을 추구한 사람일까? 아니다, 바보처럼 사랑한 사람이다. 그가 가장 지혜로운 자다. 이 사실을 깨닫고 마음을 새롭게 먹었다. 삶의 역사를 사랑으로만 채우자."
  -정승환, 『오늘을 남기다』 중에서

바보처럼 사랑한 사람. 이 대목에서 읽다가 순간 숨이 멎었다. 바보처럼 사랑을 주기만 한 사람이 떠올랐기 때문이다. 줄 수 있는 모든 것을 주고 거대한 고목이 되어 가고 있는 사람. 나는 고목 아래서 눈물을 떨군다.

고목은 바보처럼 나를 사랑한 사람, 바로 흰머리 소녀다.

어머니 웃어 보세요

출근하려고 분주하게 채비를 한다. 아침 어머니 모습이 평소 같지 않다. 밤새 무슨 일이 있었을까? 모르고 그냥 지나친 내 잘못이 있었을까? 슬쩍 바라만 보면서 화장을 마쳤다. 이제 피아노 위 간식 쇼핑백만 들고 나가면 된다.

그런데 이대로 가면 온종일 신경이 쓰일 것이다. 어머니 또한 불편한 마음일 텐데 대체 무얼까? 가방을 내려놓고 간식 쇼핑백도 내려놓았다. 그리고 어머니 방으로 가서 말씀드렸다.

"어머니, 잠시만요. 저와 베란다에 잠깐 나가봐요."

"베란다에는 왜? 안 간다."

분명 무언가 있다. 그런데 도무지 떠오르는 게 없다. 어머니 손을 잡고 베란다로 함께 나갔다. 그리고 말씀드렸다.

"어머니, 무슨 섭섭한 일 있으세요? 제가 뭐 잘못한 거 있나요?"

어머니는 말씀하셨다.

"없다!"

"그런데 왜 안 웃으세요? 아무 일 없으면 웃어보세요. 어머니, 종일 혼자 계실 텐데 안 웃고 계시면 어머니만 손해에요. 아무도 몰라요, 어머니 마음을. 그러니 웃어 보세요. 네? 웃어 보세요. 웃는 모습 봐야만 저 출근합니다. 웃어 보세요. 어머니 웃어 보세요" 하면서 턱 밑에 얼굴을 대고 웃어 보라고 졸랐다.

어이가 없는지 어머니가 웃으셨다.

나는 말했다.

"어머니, 지금 이 모습이 어머니 모습이에요. 이렇게 웃으세요! 오늘 하루 종일. 어머니 웃으셨으니까 우리 들어가요" 하면서 한바탕 웃었다.

웃는 내 모습을 보더니 아까 웃음이 아닌 진짜 웃음을 웃고 계셨다. 어머니께서는 이해하기 힘든 애물단지를 물끄러미 바라보셨다. 마음을 드러내진 않으셨다.

나는 100m 선수처럼 뛰어나가면서 뒤를 보며 또 말했다.

"어머니, 웃으세요."

이런 차에서 내리면 사람들이 흉본다

식탁에 아침밥이 차려져 있었다. 밥을 다 먹고 출근하려는데 어머니가 안 보인다. 무슨 일일까? 안방 화장실에도 안 계셨다. 눈이 온 것도 아닌데. 밤새 눈이 내릴 때면 아침 일찍 부드러운 방 빗자루를 가지고 나가셔서 어머니께서 차에 눈을 쓸어 주신다. 한여름이라 눈도 안 오고….

혹시나 해서 아파트 아래를 내려다보니 어머니께서 내 차를 걸레로 닦고 계셨다. 아이고 이 일을 어쩌나. 내 차는 짙은 곤색이다. 먼지가 묻거나 쌓이면 금방 티가 난다. 나는 차에 관심을 두지 않고 운전만 한다. 주유할 때 자동 세차하는 것 말고는.

출근 준비하고 부리나케 내려갔다. 그리고 현관 입구부터 큰 소리로 어머니를 불렀다.

"어머니, 여기서 뭐 하세요? 왜 차를 닦으세요."

어머니는 말씀하셨다.

"너 그렇게 화장하고 옷 입고 이런 차에서 내리면 사람들이 흉본다." 그날부터 나는 손 세차를 맡겼다.

미숫가루 크게 두 숟가락, 설탕 작은 두 숟가락

아침 어머니가 하시는 일 중 하나는 남편 먹을 미숫가루를 타는 것이다. 남편은 말한다.

"어머니, 미숫가루 타지 마세요. 이거 먹으면 속이 안 좋아요."

그 말을 몇 번 드렸지만 그래도 항상 미숫가루를 타신다. 아침 일찍 타 놓고 먹기 전까지 가라앉는다고 5분에 한 번씩 젓는다. 미숫가루 타는 걸 거룩한 의식으로 생각하신다.

며칠 전 밤늦게 들어왔다. 인사하러 들어가기도 전에 급하게 지팡이를 짚고 나오셨다. 그리곤 말씀하셨다.

"에미야, 미숫가루 크게 두 숟가락, 설탕 작은 두 숟가락이다."

"무슨 말씀이세요? 어머니" 하고 물었다. 오늘 아침 미숫가루 타는 것을 잊으셨다고 한다. 한 번도 빼먹은 적이 없는데···.

이제 정신이 왔다 갔다 하니 나보고 알고 있으라고 하신다. 미숫가루는 큰 숟가락으로 둘, 설탕은 작은 숟가락으로 둘이라고.

나는 아무 대답 없이 고개를 저었다. 그랬더니 어머니께서 다시 말씀하신다.

"미숫가루 큰 두 숟가락, 설탕 작은 두 숟가락이다."

나는 대답했다.

"미숫가루는 계속 어머니가 타셔야 해요."

어머니는 아무 말 없이 나를 바라보셨다.

나는 애물단지다.

앗, 사진이 섰다

어머니 방 화장대 앞에는 사진 액자가 서 있다. 작년 오월 어버이날 블레싱 허그, 교회 행사에 출품했던 작품이다. 어머니와 나, 둘이 찍은 사진이다.

어머니 방에 들어가면 그 사진 액자가 눈에 들어온다. 저녁 늦게 들어와서 어머니 방에 갔는데 액자가 누워있다.

'앗, 액자가 누워있네? 저절로 눕지는 못하는데, 무슨 일일까?'

어머니 목소리가 아주 작고 눈을 똑바로 안 보신다. 어머니 얼굴과 누워있는 액자를 번갈아 보며 나왔다.

딸에게 전화했다.

"은혜야, 할머니 방에 사진 액자가 누워있어. 왜일까?"

딸의 대답은 명쾌했다.

"엄마가 세워."

아들에게 전화했다.

"동훈아, 할머니 방에 액자가 누워있어."

아들은 대답했다.

"넘어진 거 아냐? 그냥 둬."

시누이에게 전화했다.

"숙희 아가씨, 어머니 방 화장대 앞 액자 있지? 그 액자가 누워있어. 왜 그럴까?"

시누이 대답은 "호호 글쎄, 왜 누워있을까? 언니가 그냥 세워 놔."

다음날 출근길에 만난 직원한테 물었다.

"팀장님, 어머니 화장대 앞 사진 액자가 누워있어요. 왜 그럴까요?"

팀장님은 대답했다.

"그런 거는 연애할 때 하는 건데요."

생각해 보니 나도 연애할 때 기분 나쁘면 수첩의 남편 사진을 뒤집어 놓았던 기억이 난다. 그날부터 밤에 어머니 방에 가서 인사만 하고 나오지 않고 쓸데없는 소리를 하면서 침대에 앉아 있곤 했다.

어머니께서는 '가서 자라'고 하신다. 그런데 며칠을 지나도 사진은 계속 누워있다.

일주일째 우리 가족 카톡방은 온통 사진이 섰느냐, 누워있느냐로 도배하고 있었다. 그렇다고 물어볼 수도 모른 척할 수도 없는 애매한 일주일을 보냈다.

월요일 퇴근하고 들어가니 액자가 서 있었다. '앗, 사진이 섰다!' 다시 온갖 군데에 해외 토픽처럼 소식을 퍼 날랐다.

"사진 액자가 섰어요"라고.

어머니는 연애 중이시다. 애물단지 며느리와.

경로당은 노인들만 가는 곳이다

직장 동료나 친구가 집을 방문하면 늘 하는 말이 있다. 어머니가 살림하는 집 같지 않다는 말이다. '깨끗하게 정리 정돈이 되어 있고, 무엇보다 어머니께서 교수님 성품 같다'고 한다. '며느리 친구를 배려하는 모습, 섬겨 주시는 모습에서 격을 느낀다'고 한다.

어머니만의 하루 스케줄이 확실하다. 아침 식사 후 커피를 마시며 아침 드라마 세 편을 보신다. 빨래하고, 베란다 화분에 물 주고, 집안을 돌보며 오전을 보낸다.

중간에 간식을 드신다. 점심 드신 후에는 운동도 할 겸 채소 가게에 가신다. 채소 가게는 나눔 방이다. 할머님들과 같이 이야기를 나누고, 콩나물, 오이, 고구마, 호박잎도 사오신다.

쉬시면서 큰형님께 안부 전화를 하신다. 저녁을 준비하며 저녁 연속극 두 편을 보신다. 그때 날마다 손주한테 전화를 한다. 원래는 아침저녁으로 했는데 아들이 한 번만 하라고 했단다.

남편이 퇴근하면 남편 간식 겸 술안주를 만드신다. 한 접시 수북하게 매일 만두를 구워 주신다. 남편이 보는 스포츠 프로를 멀찍이 앉아서 보신다.

주말에 큰 시누이가 왔다. 셋이 밥을 먹고 이야기를 나누면서 '경로당에 놀러 가라'고 시누이가 말했다.
그 얘기를 듣던 어머니께서 대답하셨다.
"경로당에는 노인들만 가는 거다."
시누이와 내 눈이 마주친 순간, 큰 시누이가 내게 말했다.
"우리 엄마는 본인이 노인이 아니라고 생각해!"
그때 어머니 연세가 83세였다. 어머니 마음은 노인이 아니다.

친정엄마가 딸 얘기하는 거 같지 않니?

　우리 집은 독특한 문화가 있다. 어머니와 엄마가 친구처럼 아니 친구 이상으로 친하게 지내신다. 친정 갈 때 어머니와 같이 가는 건 물론, 엄마도 가끔 오셔서 며칠씩 묵고 가신다.
　나는 출근하고 없지만 두 분이 홍보관에도 다니고 방에서 이야기를 나누느라 시간 가는 줄 모른다. 두 분이 함께 여행도 다니신다. 제주도 여행기를 들어보면 엄마는 아내, 어머니는 남편 같았다.
　여름 일을 앞두고 엄마가 다니러 오셨다. 시누이도 오셨다. 어머니와 엄마는 소파 아래 앉았고 나는 바닥에 누웠다. 시누이는 소파에 앉아 있었다. 자연스레 대화의 주제는 나였다. 누워 있는 나를 바라보며 어머니께서는 엄마에게 이야기를 시작했다. 아침 일어나는 시간, 밥 먹는 것, 출근하는 모습 등. 두 분의 말씀을 듣던 시누이가 나에게 말했다.
　"은혜 엄마야, 지금 우리 엄마 말하는 모습이 친정엄마가 딸 애기하는 거 같지 않니?"

아이고 희한하네, 꽃에 뭔 돈이 있네

어머니에게 남들 다 하는 돈 꽃바구니를 해 드린 적이 없다. 받을 때 기분이 어떨까? 생각하니 꼭 하고 싶었다.

작년 어머니 생신날. 우리 가족은 은항아리 계곡에서 호수를 바라보며 저녁노을을 맞고 있었다. 형님, 시누이, 딸 가족 모두 22명이 모였다. 며칠 전부터 특별히 주문한 꽃바구니를 들고 갔다. 식당 안 조명 속에, 꽃에 싸인 누런 돈 색깔이 잘 안 보일 만도 한데, 둘째 시누이가 비명을 지르듯 큰소리로 '어, 뭐야?' 한다. 나는 '쉿!' 하며 손을 입술에 대었다. 어머니 모르게 하고 싶어서다.

꽃바구니 증정식이 있었다. 다행히 눈이 어두운 어머니는 꽃과 돈을 구분 못 하셨다. 때마침 맞은편에서 분수 쇼가 펼쳐졌다. 국가에서 어머니 생신을 축하해 주는 이벤트를 준비한 것 같았다. 오남 호수공원 분수 쇼!

어머니께 말씀드렸다.

"어머니, 저 분수 쇼 보세요. 어머니를 위해 연주하네요. 어머니 짱이세요. 국가가 인정하는 어머니세요."

　행복한 시간을 보내고 막내 시누이와 집으로 돌아왔다. 드디어 그 시간이 왔다. 어머니를 소파 가운데 앉게 하고, 시누이와 내가 양옆에 앉았다. 꽃바구니를 어머니 앞 상위에 놓았다. 어머니는 꽃을 다 봤으니 내려놓으라고 하셨다.

　내가 먼저 말했다.

　"어머니, 고맙습니다! 어머니를 위한 꽃이에요. 한 송이 뽑아 보세요."

　꽃 한 송이를 뽑아 든 어머니는 "이게 뭐냐"고 하셨다.

　시누이가 말했다.

　"엄마, 한 송이 한 송이 다 뽑아 보세요."

　하라는 대로 꽃을 뽑으시며 어머니는 말씀하셨다.

　"아이고, 희한하네. 꽃에 돈이 있네."

　시누이는 옆에서 어머니께서 주시는 감긴 지폐를 차곡차곡 쌓았다. 오만 원권 열여덟 장, 만 원권 열 장이었다.

어머니는 마지막 꽃을 뽑으며 또 말씀하셨다.

"아이고, 희한하네. 꽃에 뭔 돈이 있네."

어머니는 꽃집에서 그렇게 해준 줄 아신 모양이다. 그러면서 하시는 말씀.

"꽃집에서 해 줬구먼. 고맙다고 말해라."

어머니 생신은 국가적인 행사였다. 분수 쇼도 열고, 꽃집에서 돈 꽃바구니도 보내주고.

그럼, 제삿날을 옮겨라

지도자 워크숍 날짜를 이사회에서 정했다. 마침 그날이 시아버님 추도일이다. '아, 어쩌나' 하면서 회의를 진행했다.

워크숍 날이 시아버님 기일이라 걱정이 돼 부회장님께 말했더니 나보다 더 걱정했다.

어머니께 차마 말씀을 드릴 수 없어 며칠을 고민하며 지내다 오늘은 말씀을 드리려고 마음먹었다. 퇴근 후 아홉 시쯤 들어왔더니 어머니는 소파에 앉아 계셨다. 어머니 표정을 살피다 말을 시작했다.

"어머니, 드릴 말씀이 있어요. 협회에 아주 중요한 행사가 천안에서 있어요. 1박 2일이라 자고 와야 해요. 그런데 그날이 아버님 추도식이에요. 어떻게 하지요?"

잠시 정적이 흘렀다. 아무 말 없이 어머니께서 방으로 들어가신다. 십 분쯤 지난 후 어머니께서 나오시면서 말씀하신다.

"그 회의에 안 가면 안 되냐? 다른 사람들 보내고?"

"네에, 어머니. 제가 회장이고, 그 회의를 진행하는 사람이라 꼭 가야 해요."

어머니는 방으로 들어가시고 침묵과 고요가 흘렀다. 이십 분 쯤 지난 후 나오셔서 말씀하셨다.

"그럼, 제삿날을 옮겨라."

"네에? 제삿날을 옮겨요? 언제로요?"

어머니께서 말씀하신다.

"어차피 돌아가신 날 기억하는 거니까 가족들 미리 모여서 토요일에 식사해라."

기일은 화요일이었다. 그 전주 토요일로 당기라는 말씀에 명했다.

'아, 이럴 수도 있구나.' 남편이 들어왔다. 제삿날을 옮긴다고 말을 꺼내기도 전에 '말도 안 되는 소리'라고 한다. '회장인데 날짜 하나 맘대로 못 하냐'며 내가 알아서 제 날짜에 하겠다'고 한다. 어머니께서 '그렇게 하라'고 하셨다고 하니 큰소리가 난다.

'어이쿠, 이 일을 어쩐다.'
 어머니 방에 들어가서 남편이 한 말을 그대로 전했고, 어머니께서 나오시더니 남편 있는 데서 다시 말씀하신다.
 "제삿날을 옮겨라, 이번만이다."
 나는 결심했다. 우리 집에 며느리가 생기면 며느리가 어렵게 부탁하는 거는 묻지도 따지지도 말고 들어줄 거라고.

 오늘 내가 들었던 기적 같은 말,
 "그럼, 제삿날을 옮겨라."
 나도 이런 시어머니가 될 거다.

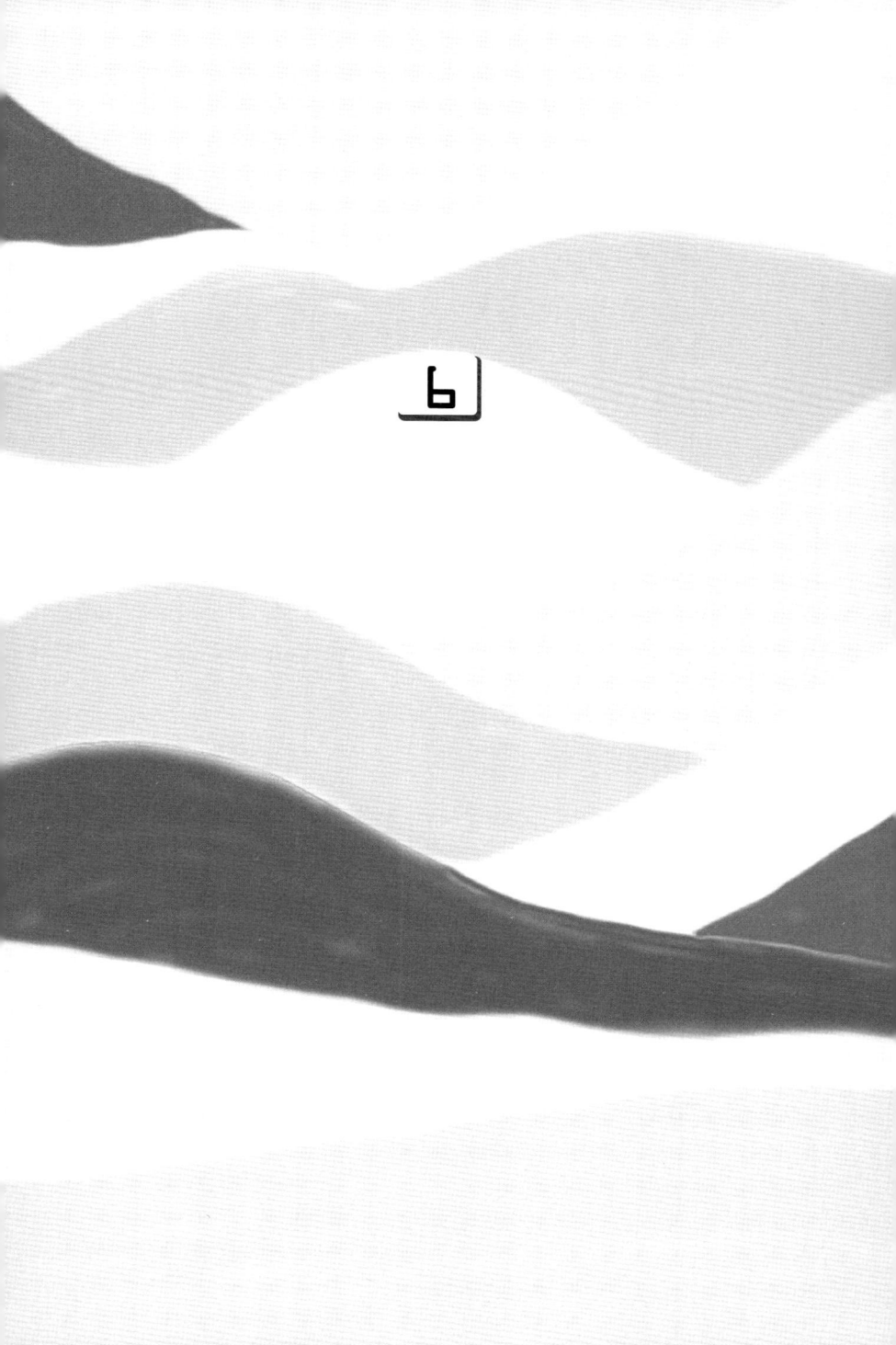

나, 행복하다

방학 숙제로 은혜, 동훈이, 어머니 넷이 호암미술관을 다녀왔다. 관람하고 사진 찍고 야외에서 오랜 시간을 보냈다. 맛집에서 식사하고 돌아오니 저녁 때다. 아이들은 피곤하다고 곯아떨어졌다. 주방에서 저녁을 준비하시려는 어머니 앞에 바짝 다가서 여쭈었다.

"어머니, 우리 집에 처음 이사 오던 날 저는 결심했어요. 어머니를 행복하게 해 드리겠다고요. 그리고 많은 시간이 지났어요. 오늘도 힘드셨지요? 어머니 마음은 어떠세요?"

어머니는 주저함이 없이 말씀하셨다.

"나, 행복하다."

그때 나는 어머니께 말했다.

"행복한 어머니를 증거로 남겨야 해요" 하면서 어머니 사진을 찍었다. 내가 가지고 있던 사진 중 가장 행복한 모습이다. 목젖이 보일 듯한 웃음을 웃고 계셨다. 그 얼굴에서 소리가 들리는 듯했다. "나, 행복하다."

코사지로 꽃꽂이하는 소녀

행사에 참석할 때 달아준 코사지를 집으로 가져온 적이 있다. 행사 후 처리가 애매해 그냥 달고 왔고 식탁 위에 두고 잤다.

이튿날 아침 식탁에 작은 꽃꽂이가 있다. 코사지를 분리해서 작은 컵에 꽃꽂이를 하신 것이다. 순간 '이렇게 정성을 쏟으면 무엇이든 작품이 되는구나'란 생각을 했다. 어머니의 정성을 받으면 무엇이든 명품으로 바뀌었다. 어머니가 키워 주신 은혜와 동훈이가 그렇고, 내가 그렇게 변해가고 있다.

어머니의 훌륭한 코사지 꽃꽂이를 본 다음부터는 행사 후 항상 코사지를 달고 온다. 어떤 코사지든 어머니 손을 거치면 훌륭한 작품으로 재탄생되어 식탁을 밝힌다.

구순이 넘은 흰머리 소녀의 센스와 감각이 꽃집 소녀의 손놀림 같다. 흰머리 소녀는 꽃꽂이하는 청년이다.

애비 속옷 사왔다

속옷은 자신만의 독특함을 간직한다. 색깔과 모양과 개인의 취향이 그대로 나타난다. 집안 살림과 옷장 서랍까지 관리하는 어머니께서 말씀하셨다. "애비 속옷 사와라."

그럴 때면 내 취향에 맞는 옷을 사 왔다. 어머니께서는 별로 맘에 안 들어 하는 눈치다. 색깔이 어떻다느니 모양이 어떻다느니 하신다. 남편이 입을 옷인데 어머니 마음에 들어야 하나 생각한 적이 있다. 그래서 "어머니 마음에 드는 걸로 사 오세요"라고 했다.

어느 날 어머니께서 말씀하셨다. "애비 속옷 사왔다."

내 취향과는 전혀 다른 스타일이다. 그 후부터 어머니가 남편 속옷을 사 왔고, 서랍 정리까지 해 주셨다. 내 방에 있던 남편 속옷도 어머니 방으로 이사를 갔다.

요즘은 '애비 속옷 사왔다'는 말씀도 없다. 그래도 남편은 매일 새 옷으로 갈아입는다. 어머니는 못 돌아가신다. 어머니 안 계시면 남편 속옷은 누가 챙기나?

어머니, 목소리 크게 내세요,
어머니가 최고니까요

아파트 나무 그늘은 할머니들이 모이는 장소다.

어머니께서는 가끔 말씀하신다. 오늘은 누가 떡을 사서 돌렸다. 주스를 돌렸다.

나는 어머니께 여쭈었다. "어머니는 무얼 돌렸어요?"

"아무것도 안 돌렸다."

"왜 안 돌렸어요? 무얼 돌리고 싶으세요? 어머니 하고 싶은 걸 돌리세요. 당당하고 자신감 있게 망설이지 마시고요. 어머니, 힘은 어디서 나오는지 아세요? 며느리 사랑을 얼마나 많이 받느냐가 결정해요. 이 세상에 어머니처럼 며느리 사랑을 받는 시어머니가 계실까요? 없어요, 어머니. 어머니가 최고세요. 그러니 목소리도 크게 내시고 하고 싶은 거 다 하세요."

어머니는 빙그레 웃으셨다. 그 웃음의 의미가 무언지 나는 안다. 그리고 차려입고 나가셨다. 오후에 차를 타고 한 바퀴 슬쩍 돌아보았다. 상가 옆 기슭에 할머니들께서 담소를 나누고 계셨다.

나무가 햇볕을 가려주고 바람도 살랑이는 모습이다. 어머니들이 여섯 분이셨다. 상가에서 아이스크림을 샀다. 어머니들께서 선뜻 사지 못할 것 같은 걸 골랐다. 아이스크림을 들고 나무 아래로 가서 두 개씩 나누어 드리면서 말했다.

"우리 어머니께서 매일 얻어만 먹는다고 하셔서 오늘은 제가 왔습니다. 제가 출근하느라 자주 오지 못했습니다. 고맙습니다, 우리 어머니 챙겨 주셔서. 제가 우리 어머니 며느리에요."

나는 어머니 등을 감싸 안았다. 순간 어머니 얼굴에 야릇한 미소가 번졌다.

저녁에 어머니께서 말씀하셨다.

"싼 거 사 오지. 뭐 그리 비싼 걸 사다 줬냐?"

나는 어머니께 말했다.

"어머니는 이 세상에서 며느리 사랑을 최고 많이 받는 시어머니니까요."

작별 예배

작별의 의미는 '서로 인사를 나누고 헤어짐'이다. 한자로 지을 작(作), 나눌 별(別)이다. 인사를 나누고(別) 마무리를 짓는다(作)는 의미다. 떠나는 사람과의 마지막 인사 혹은 헤어짐이다. 이런 작별을 해야 했다.

어머니께서 아프기 시작했고, 일상생활을 할 수 없는 상황이 되었다. 막내 시누이가 급하게 어머니 간호를 맡았다. 호전되기보다 이상한 증세로 급속히 진전되었다. 난폭한 언어를 사용하고, 물건을 사용해 해를 가하려 하신다. 가정에서 돌봄의 한계가 왔다. 가족회의를 거쳐 병원으로 모시기로 했다.

평소에 어머니는 병원이나 시설에 가지 않고 죽고 싶다고 하셨다. 코로나가 한창 창궐하던 2020년 여름, 가까스로 어머니를 소파에 앉게 하고 예배를 드렸다. 예배 후 병원에 모시고 가려고 한다. 면회 금지는 당연하고, '어쩜 마지막일지도 모른다'는 생각이 들었다.

눈물의 작별 예배, 어머니께 말씀드렸다. "어쩜 오늘이 마지막일 수도 있고, 다시 집에 못 오실 수도 있다고. 만약 다시 집으로 오게 되면 그것은 기적이고 축복이라고. 감사 예배를 다시 드리자"고 했다.

시누이와 나는 돌아가며 어머니를 포옹하고 사랑의 작별을 나누었다. 그렇게 난폭하던 눈빛이 초점이 흐린 생선처럼 풀렸다. 몸을 제대로 가누질 못하신다.

나는 어머니 귀에 대고 말했다.

"어머니, 꼭 나아서 집으로 오셔야 해요."

두 눈에 하염없는 눈물이 흘렀다.

"하나님! 이 여인을 생각해 주세요. 다시 집으로 돌아올 수 있게 해 주세요."

작별 예배를 드리고 병원으로 가셨다.

치매 진단을 받았고, 집에서 모시기엔 힘드니 시설로 모시라 했다. 차마 치매 시설로 모실 수 없어 퇴원 후 집으로 모셨다.

엄마, 화장실이 요양병원 같아

치매 진단을 받은 어머니를 위해 집안에 낯선 도구들이 들어왔다. 미끄럼을 방지하고, 보행을 돕기 위한 것들이다.

어느 날 퇴근하고 화장실 문을 열다가 깜짝 놀랐다. 화장실에 하얀 등받이 의자가 놓여있었다. 순간 철렁하는 마음을 느꼈다. '올 것이 왔구나' 하는 마음.

'웬 의자냐'고 남편한테 물었더니, '어머니 혼자 머리 감고, 목욕 하는 거 못 하셔서 의자를 놓았다'고 한다.

화장실 의자 사진을 찍어서 딸, 아들에게 보냈다.

아들 답장이 왔다.

"이건 뭔가요? 할머니 의자? 아, 이제 혼자서 씻지도 못하시는 거예요? 어쩔."

딸은 "엄마, 화장실이 요양병원 같아"라고 답이 왔다.

맞다. 우리 집은 요양병원이다. 환자복을 입지 않은 환자가 있을 뿐이다.

사랑이 있는 곳에 신이 있다

톨스토이의 단편소설 『사랑이 있는 곳에 신이 있다』에 나오는 내용을 보면 주인공 마르틴은 구두를 만들고 고치는 제화공이다. 착하고 성실한 그가 절망에 빠졌다.

5년 전에 자식 두 명과 아내를 하늘나라로 보냈는데, 근래 하나 남은 막내아들까지 병으로 죽었다. 그는 매일 술로 시간을 보내며, 자신도 빨리 죽게 해달라고 하나님께 기도했다. 그러던 어느 날 우연한 기회에 성경을 읽기 시작하였다. 그리스도의 삶에 감동을 받은 그는 자신의 삶을 반성하며 새로운 희망을 되찾아 성경 읽기에 열중했다. 하루는 성경을 읽다가 잠깐 잠이 들었는데, 하나님의 목소리가 들렸다.
"마르틴, 내가 내일 찾아갈 테니 창밖을 보아라."
마르틴은 그날 하루 종일 창밖을 바라보며, "하나님이 언제쯤 오시려나"하고 중얼거리며 하나님을 기다렸다.
아무리 기다려도 온다는 하나님은 오지 않고, 창밖에 늙은 청소부가 눈을 맞으며 청소하고 있었다. 마르틴은 그를 가게 안으로 들어오게 한 뒤, 따뜻한 차를 대접하였다.

청소부를 내보내고 두어 시간이 지나 창밖을 보니, 아기를 안은 여인이 눈보라 속에서 떨고 있었다. 그는 여인을 가게 안으로 맞아들여 먹을 것과 옷을 대접해 주었다.

또 시간이 흘러 거의 해가 질 무렵, 창밖을 바라보니 사과를 파는 노파가 사과를 훔친 소년을 붙잡고 야단치고 있었다. 마르틴은 밖으로 나가 소년의 죄를 뉘우치게 하고, 사과값을 대신 갚아주며 노파가 소년을 용서하도록 권유해 해결했다. 마르틴은 날이 어두워지자, 가게 문을 닫고 집으로 들어갔다.

그날 밤 마르틴은 성경을 읽다가 잠이 들었다. 그때 어둠 속에서 자신이 낮에 대접했던 늙은 청소부와 아기 안은 여인, 노파와 소년이 나타나 미소를 지었다. 그리고 하나님의 목소리가 들렸다.

"마르틴, 네가 오늘 만난 사람들이 바로 나다. 너는 나를 대접한 것이다."

이후 마르틴은 꿈에서 깨어나 펼쳐져 있는 성경을 보니, 거기에 이런 내용이 있었다.

"내가 굶주렸을 때 먹을 것을 주었고, 목말랐을 때 마실 것을 주었으며, 나그네 되었을 때 따뜻하게 맞이했다. 또 헐벗었을 때 입을 것을 주었다." 마르틴은 마지막 구절을 읽었다.

"너희가 여기 있는 형제 중에 가장 보잘것없는 사람 하나에게 해준 것이 바로 나에게 해준 것이다."

거실에 나가보니 꾸부정하게 허리를 굽히고 지팡이를 짚고 앉아 있는 흰머리 소녀가 보였다. 지금 내 눈앞에 보이는 이분이 바로 하나님이 보내신 소녀구나!

긴급 마약 처방

내 인생의 터닝 포인트 중 하나는 암 진단을 받은 것이다. 암 수술을 받기 이전과 이후는 완전히 달라졌다. 눈에 보이는 모든 것이 감사이고, 축복이고, 살아 있는 오늘이 온전한 나를 위한 선물임을 알게 되었다.

수술과 항암치료를 마치고 복직한 후 첫 결심은 1년에 한 번은 나를 위한 여행을 가는 것이다.

'1년에 한 달 월급은 나를 위한 여행의 몫'이라고 친구와 둘이 약속했다. 그리고 복직 다음 해부터 실행했다. 짧게는 4일, 길게는 15일 일정으로 일본을 시작으로 친구와 둘이 미국, 유럽을 돌았다.

여행 계획을 세우고 나면 어머니 작업에 돌입했다. 여행 한 달 전쯤 좋은 곳, 맛있는 곳으로 가서 온전히 어머니를 위한 시간을 갖는다. 그리고 아주 슬쩍 말씀드린다. 다음 달에 치료를 위한 여행을 갈 것 같다고. 그리고 한 달간 온갖 정성을 다한다. 어머니께 약을 드리는 것이다. 다양한 방법으로 거의 정신을 혼미하게 한다. 기분 좋은 혼미함이다.

  일주일 전에는 '다음 주에 떠난다'고 다시 슬쩍 말씀드린다. 이틀 전 짐을 챙기며 어머니의 약 효과가 어느 정도인지 확인한다. 거의 부작용 없이 효과가 만점이다.

  여행을 못 간 지 7년이 지났다. 회장 임기 마치기만 학수고대하던 친구들과 덥석 예약했다. '4월을 넘기면 안 된다'고 해서 3월 마지막 주 3일을 가볍게 떠나게 된 것이다.
  그런데 아직 어머니께 말씀을 못 드렸다. 그럴만한 시간적 여유가 없었다. 며칠 안 남았는데 어쩌나?

  마약 처방이 필요하다. 부작용 없이 흰머리 소녀에게 딱 맞는 긴급 마약 처방!

어머니, 사랑합니다

코칭을 공부하고 함께 코칭 실습하는 동기들이 있다. 코칭이 무언지도 모르고 시작했다가 코칭에 깊이 빠져, 삶의 변화를 만들어 가는 사람들이다. 지금까지 살아오면서 수많은 모임이 있었지만 이런 만남은 다시 있을 수 없다. 앞으로 남은 인생, 끝까지 함께 갈 동반자다.

15년, 20년 후. 머리가 희끗희끗한 모습으로 엔틱 테이블에 둘러앉아 대한민국의 코칭을 논하고 있지 않을까? 그러면서 '2020년 코로나가 뒤덮을 때 우리는 코칭 공부를 시작했지'라고 돌아볼 것이다. 그렇게 정의된 우리는 매일 코칭을 한다. 깊은 내면을 꺼내고, 부끄러움을 치유한다.

조금 부족하면 살짝 끌어주며 일어서도록 돕는다. 서로가 서로의 여백을 살피고, 그 여백에 나름대로 색을 입힌다. 그래서 우리는 파스텔톤이다. 지금 봄을 맞는 저 산기슭의 환상적인 색깔처럼.

코칭 목표를 정하고, 계획을 세우고, 실행을 확인하고 격려한다. 내 코칭 목표 중 하나는 '어머니를 사랑하는 것'이다. '출근하면서 어머니께 사랑한다'고 말하고 꼬옥 안아드리고 나오는 날은 엘리베이터에서 환하게 웃는 셀카 사진을 찍는다. 그리고 그 사진을 올린다. 그 사진을 보면, 코치님들이 말한다.

"오늘도 실행하셨군요." 그 실행계획은 주 3회다. 엘리베이터 안에서 참 많은 사진을 찍었다. 내가 보아도 행복한 모습이다.

이제 매일 출근하지는 않는다. 그래도 실행은 계속할 거다.

거실에서 밀대로 바닥을 미는 소리가 난다. 여기저기 툭, 툭. 어머니께서 벌써 청소하시나 보다. 잠시 기다렸다가 저 소리가 멎으면 나가서 실행할 거다. 어머니를 꼬옥 안고. "어머니, 사랑합니다"라고.

침대 위에서 드리는 기도

며칠 전 유튜브 동영상을 보았다. 시골에서 올라온 여공이 자기 성장을 위해 끊임없이 도전하고, 도전해서 지금은 글로벌 사업가가 된 내용이다.

그 다음날부터 몇 가지를 적용했다. 명상 대신 기도로 바꿨다. 침대를 정리하고 창밖을 보며 침대 위에 앉았다.

교회에서 기도할 때는 무릎을 꿇든지, 의자에 앉아서 기도한다. 침대 위에서 양반다리를 하고 두 손을 모으니 눈길이 닿는 곳, 저 멀리 교회 십자가가 선명하게 보인다. 10층 우리 집에서 하늘과 구름과 산과 어우러진 그 중심의 십자가를 보며 기도한다.

갑자기 어제 식탁에서 보았던 어머니 모습이 떠올랐다. 틀니를 해 드렸는데 불편하다고 착용하지 않아 한쪽 입가가 살짝 들어가 보였다. 한쪽 귀가 안 들려서 보청기를 해 드리려니 웽 웽 소리가 나서 싫다고 결국 안 하셨다. 작은 소리는 안 들려 가까이서 말해야 한다.

엊그제 파마를 하셨는데 모자에 눌려 아름다운 흰머리 모습은 아니다. 한 손엔 지팡이를 짚은 채 어제도 고구마, 양파, 쪽파를 사서 들고 오셨다. 나와 남편이 사와도 되는데, 아마 어머니 자신을 위한 거룩한 걸음일 것이다. 마지막까지 지켜내고 싶은 육체에 대한 자존감.

어머니 모습을 생각하니 주르르 눈물이 흘렀다. 기도가 아니라 울음바다가 되었다. 그동안 참고 있던 마음이 무장해제 되듯 쏟아져 내렸다. 어머니 앞에서 보일 수 없는 눈물.

하나님! 우리 어머니의 사랑과 헌신과 그 삶을 아십니다. 수많은 포기와 오랫동안 감내했을 어머니의 고독, 하고 싶은 말을 삼켜 배가 부르셨을 그 많은 언어들, 혼자 있을 때 소매로 훔쳐냈을 수많은 눈물의 흔적들. 누르고 눌러 말발굽처럼 딱딱해졌을 외로움과 소외감.

하나님! 어머니께서 지금의 강건함으로 백수를 누리게 해주세요.

시설이나 병원에서 임종을 맞지 않도록, 주무시듯 어머니 침대에서 주님 품에 안기게 해주세요. 그 모습이 아름답고 하나님의 영광이 되도록 해주세요.

어머니와 사랑을 나눌 시간을 주세요. 제가 잘못했던 것들에 용서를 구하고, 용서받는 시간을 갖게 해주세요. 어머니가 키워주신 은혜와 동훈이가 할머니의 그 사랑을 평생 간직하며 나누어 줄 수 있게 해주세요.

어머니께서 지켜주셨던 제 삶의 자존감으로 이제는 어머니 삶의 자존감을 지켜드리는 시간이 되게 해주세요. 이별의 시간이 다가오고 있음을 하루하루 느낍니다. 그것도 모르고 지금도 빨래를 널고 아침밥을 해 놓고 저를 기다리고 있습니다. 제가 자고 있는 줄 알고. 통통 부은 눈과 이 얼굴로 나갈 수 없는데 어찌할까요?

하나님! 어떻게 저에게 이런 축복을 주셨습니까? 이렇게 미천하고 한없이 부족한 저에게, 이토록 순수하고 흠 없는 어린양을 보내주셨습니까? 주님 부르시면 하늘나라에서도 예수님 곁에 어머니, 그 옆에는 며느리로 제가 있을 겁니다. 그 옆에는 손녀로 은혜가, 손주로 동훈이가 나란히 서겠지요.

이 세상 소풍이 너무 아름답고 행복했습니다. 흰머리 소녀의 무조건적인 사랑 덕분입니다. 마지막 한순간까지 어머니의 외로움을 외면하지 않게 하옵소서. 이 모든 것이 은혜입니다. 감사합니다. 예수님 이름으로 기도드립니다. 아멘.

2022년 4월 22일 11시 26분 침대 위에서

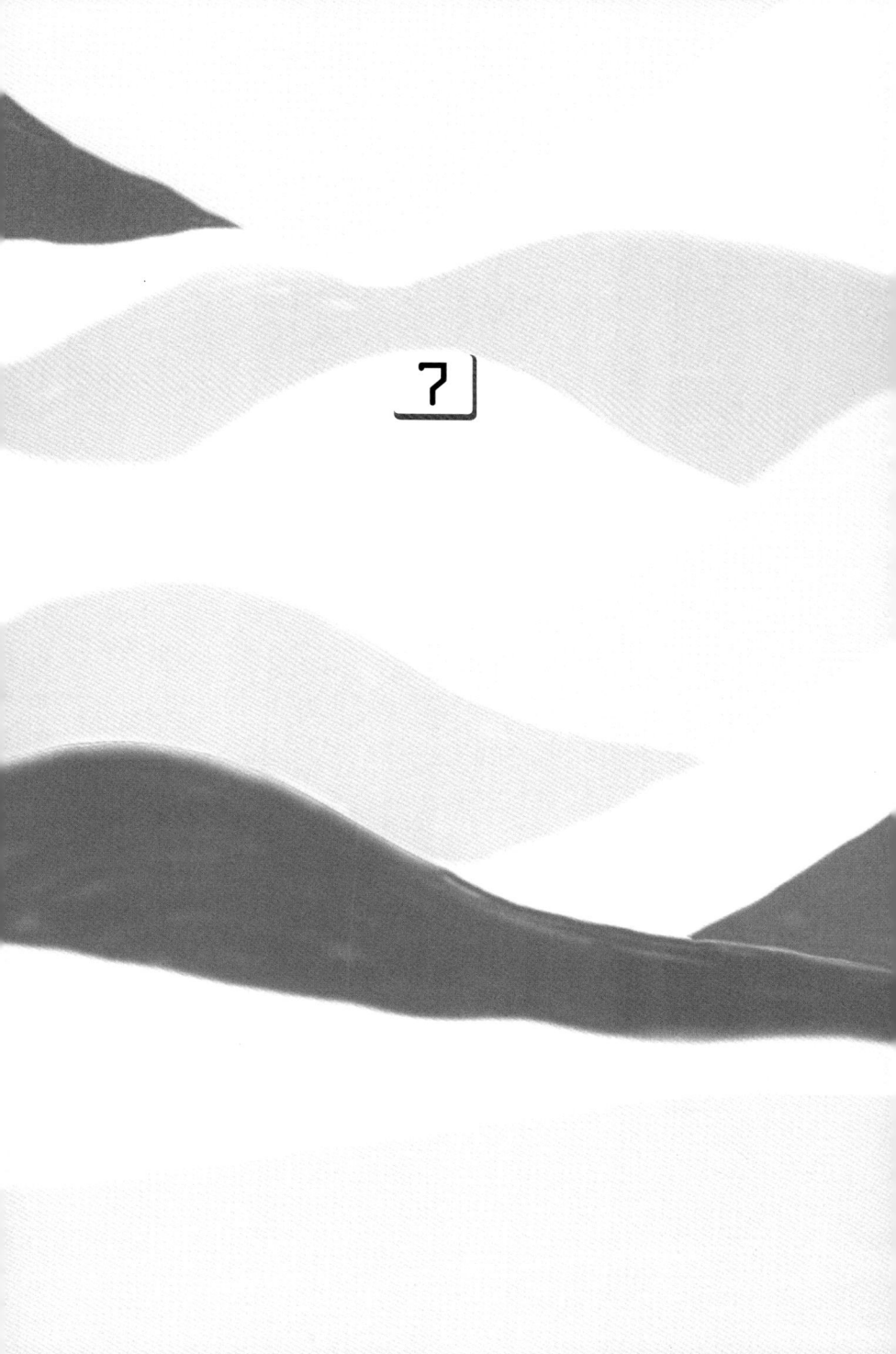

다시 팔야촌으로

겉에서 보기엔 돼지우리 같은 전통 음식점이 있다. 포천 팔야리에 있는 팔야촌이다. 아이들 어릴 적 어머니와 시누이와 자주 갔던 곳이다. 25년이 흐른 뒤 옛날 추억을 더듬어 보려고 어머니와 다시 팔야촌을 찾았다. 추억을 기억으로 더듬으며 올라갔다. 숲이 우거진 좁은 길을 지나니 낯선 이정표가 눈에 띈다.

팔야촌 주차장. "어머니, 옛날 자주 오시던 곳인데 이렇게 변했네요. 한번 들어가 봐요."

분수가 솟고, 주변은 데크로 정리되고, 옛 모습은 오간 데 없다. 어머니께서 옛날을 추억하는 동안 사진을 찍었다. 분수를 바라보는 눈빛, 먼지 낀 계단을 둘러보는 모습, 깊은 숲을 음미하는 흰머리 소녀의 뒷모습에는 아련함이 묻어 있었다. '아, 세월이 이렇게 흘렀구나.'

어머니는 차에 오르시며 한 말씀 하신다. "동훈이도 장가가야 하는데." 손에 손 잡고 여기에 왔을 때 동훈이는 세 살이었다. 지금은 스물아홉살의 청년이다.

나오길 잘했다

퇴직 후에도 좀처럼 어머니와 깊은 나눔의 시간을 갖지 못했다. 요 며칠 부쩍 마음이 쓰인다. 친정 가기로 한 약속을 과감히 뒤로 하고 어머니와 하루를 보내기로 마음먹었다. 아침을 마무리하면서 나가자고 말씀드렸더니 강하게 안 가신다고 한다. 바람을 함께 쐬자고 간곡히 요청하니 빨래를 널어야 한다고 베란다로 가셨다.

화장을 마칠 즈음 어머니는 보랏빛 여인으로 나오셨다. 기분이 좋으실 때의 차림이다. 차에 내려가 어머니 앉을 곳을 다시 한번 닦았다. 오랜만에 설레는 외출이다.

첫 번째 목적지가 참나무쟁이었다. 근 한 시간을 대기하는 동안 어머니는 여기저기를 구경하셨고, 나는 어머니 사진을 계속 찍었다. 가끔 뒤돌아보시며 '무슨 사진을 자꾸 찍느냐'고 하시는데 싫지는 않은 표정이다. 긴 기다림 끝에 한 상을 받으신 어머니는 아주 만족한 모습이다.

다음 목적지는 주변에 커피숍 구디가든이다. 실내에 들어서며 "비싼 곳이겠네" 하셨다. 오늘은 무엇이든 최고의 시간을 나누고 싶었다. 요리조리 포즈도 잘 취하신다. 주변을 돌아보고 그네에 앉으셨다. 나보고 옆에 앉으라고 하시더니 말씀하신다.
"오늘 참 잘 나왔다."

집으로 가자고 하시는데 방향을 틀었다. 다시 교회로 돌아왔다. 가정의 달 블레싱 허그 기간이다. 포토존에서 사진을 찍고, 본당으로 올라갔다. 두 손을 모으고 간절히 기도하는 모습에 가슴이 뭉클했다. 지팡이를 옆에 두고 두 손을 모은 저 모습은 이 세상에서 가장 아름답고 숭고한 기도 손이다.

집에 도착해서 하시는 말씀. "오늘 잘 나갔다, 사랑한다!"

나도 어머니를 꼬옥 안고 "사랑한다"고 말씀드렸다.

왜 케이크를 자꾸 사오니?

91세에 맞이하는 어버이날이다. 꽃바구니, 꽃, 케이크를 준비하고 어머니를 나오시라고 했다. 차려진 케이크를 보시며 '왜 케이크를 자꾸 사 오느냐'고 하신다. 코사지를 달아드리고 케이크에 불을 켰다.

어버이날 가사에 맞는지 몰라도 나름대로 노래를 불렀다.

'어머니는 사랑받기 위해 태어난 사람. 지금도 그 사랑받고 있지요. 어버이날을 축하합니다!'

율동과 신나게 노래 부르는 나의 모습을 보던 남편은 이해하기 힘들다는 표정이다. 그도 그럴 것이 재롱잔치 수준의 축하 발표였기 때문이다. 며느리가 망가지는 만큼 어머니가 행복하시길 바라는 마음이다.

꽃과 선물을 드리고, 케이크를 담아냈다. 어머니께서는 '부드럽고 맛있다'면서 한 조각을 다 드셨다. 이른 아침에 달콤한 케이크로 어머니와 애피타이저를 먹었다.

한약 봉투에 약 대신 돈을 넣어 선물로 드렸다. 봉투 하나하나를 잘라내면서 행복해하셨다. 이렇게 저렇게 말만 하면 포즈를 취하신다.

어제 오늘 원 없이 사진을 찍었다. 찍은 사진을 보여드리니 잘 나왔다고 좋아하신다. 어머니가 좋아하시니 전체 가족 방에 올렸다. 어머니의 기분과 근황을 간접적으로 알리는 것이다.

'꽃 천지구나' 하시면서 '고맙다'고 하신다. '왜 자꾸 케이크를 사 오느냐'고 나무라시던 어머니께서 한 조각을 더 드신다. 케이크의 달콤함은 어머니 마음이었다.

천생연분

언젠가 TV 프로에 어르신들 낱말 알아맞히기가 있었다. 노부부가 나왔고, 할아버지가 낱말을 꺼내 들고 할머니께 물었다.
"우리 둘 사이가 뭐지?"
할머니는 말씀하셨다.
"웬수!"
방청객과 전국에서 TV를 지켜보던 시청자는 배꼽을 잡았다. 할아버지가 들고 있던 낱말은 '천생연분' 이었다.

어머니는 아침밥을 차려 주시고, 화장하는 나를 보고 병원에 다녀오신다고 가셨다. 화장을 마칠 즈음 현관문이 열렸다.
'헉! 혹시 어머니가 벌써 오신 건 아니겠지?' 했는데 숨을 가쁘게 쉬면서 들어오셨다.
외출 준비를 마치고 식탁에서 열심히 무언가를 하고 계신 어머니께 갔다. 타온 약을 하루 드실 양만큼 뜯어서 정리하고 계셨다.

나는 어머니를 안아드리며 말했다.
"다녀올게요, 어머니. 밤늦게 옵니다. 사랑해요."
어머니는 대답하신다.
"잘 다녀와라, 사랑한다."

노트북, 가방, 간식 쇼핑백. 들 게 많았다. 여느 때 같으면 어머니께 엘리베이터를 눌러 달라고 했을 텐데, 열중하고 계신 어머니 뒷모습을 보며 씨익 웃고 나왔다.
　어머니 뒷모습을 보며 단어가 떠올랐다.
　'천생연분.'
　아니 어쩌면 어머니는 '웬수!'라고 천생연분을 표현하실지도 모르겠다. 그래도 우린 천생연분이다.

우리 아들이 허리를 다쳤어요

"권사님, 무슨 일이에요? 남편 집사님이 허리를 다쳐서 일어나질 못한다는데요. 그래서 오늘 교회도 못 오셨다고 하는데요. 많이 다친 거예요?"

나는 모르는 일인데 교회에서 만나는 사람마다 나에게 물어본다. 남편이 허리를 어떻게 다쳤느냐고, 중보기도를 해준다고 한다. 대체 무슨 일일까?

알아보니 이유인즉슨, 아침 교회 버스를 어머니 혼자 타셨는데, '왜 혼자냐'고 물으니, "우리 아들이 허리를 다쳐서 못 일어난다"고 했단다.

나는 무엇이든 열정적이고, 즐겁게 하는 것을 좋아한다. 먹는 것도 이왕이면 맛있게 먹고, 노는 것도 어차피 놀 거면 완전히 망가지도록 즐기면서 논다. 대충하거나 뒤로 빼거나, 뜨겁지도 차지도 않은 것은 안 맞다.

협회 회장을 하면서도 수행팀장님 다섯 명이 쓰러져 나갔고, '이것은 사람이 할 수 있는 일정이 아니다'며, '회장님의 안전을 위해서라도 교대로 운전할 수 있게 해 달라'는 요청도 있었다. 그럴 때마다 나는 '어차피 나와 함께 갈 거니까 여행이라고 생각하며 즐기라'고 했다.

병원 근무할 때는 직원들 조문을 갔다가 새벽에 도착해서 바로 근무에 들어간 일도 많았다. 회식 때는 물론 맹물 먹으면서 4, 5차까지 거뜬히 즐기고 아침에 바로 출근할 때도 있었다. 아무튼 즐겁다. 사는 게 즐겁다.

모처럼 시간을 내서 남편과 둘이 1박 2일 여행을 갔다. 여행지에 걸맞게 즐겁게 보내고, 숙소에서의 시간도 알차게 보냈다.
사랑하는 사람과 함께하는 행복을 맘껏 누리는 것 또한 좋아한다. 침대에서 만나면 침대에 맞게, 소파에서 만나면 소파에 맞게, 맨바닥인들 어떠한가? 그날도 남편과 둘이 즐거운 여행을 마치고 돌아왔을 뿐이다.

그런데 아침에 못 일어난 것이다. 이런.

남편을 위해 중보기도를 해준다고 하길래 슬쩍 말을 했다.

"기도 안 해줘도 돼요. 둘이 여행 갔다 왔는데 뭐 특별한 건 없었고, 침대는 침대대로, 바닥은 바닥대로 왔다 갔다 했을 뿐이에요. 으이구, 부실하기는… 하하하."

우리는 박장대소를 했다.

어머니는 영문도 모르고 계속 만나는 사람마다 말씀하신다.

"우리 아들이 허리를 다쳐서 못 일어나요."

남편은 일주일 출근을 못 했다. 이십여 년 전 일인데 지금도 어머니 얼굴만 보면 엷은 미소가 피어오른다.

"우리 아들이 허리를 다쳐서 못 일어나요."

천국의 언어

"어머니, 감자 먹고 싶어요. 점심으로 국수도 먹고 싶어요. 먹고 도서관 가야 해요."

세상에서 가장 편안한 옷차림에 곱게 화장한 며느리가 식탁에서 책을 읽고 있다. 지팡이를 짚고 방에서 나온 흰머리 소녀를 바라보며 말했다.

"감자 먼저 안쳐야겠네. 네 개만 쪄야지. 국수는 뭘 먹을래?"

"어머니 먹고 싶은 거로요."

"네가 먹고 싶은 거 먹어라."

"물국수요."

"그럼, 오이가 필요 없겠구나!" 하면서 열었던 냉장고를 닫으신다.

감자를 삶으며 국수를 준비하는 뒷모습을 찍어서 아들한테 보냈다. '할머니는 지금 엄마 점심 준비 중'이라고 보냈다.

거실에는 잔잔한 복음송이 흐르고 평안이 자욱하다.

"많이 먹을래?"

"알아서 주시는 대로요."

"보통으로? 맵게 먹을래?"

"네에, 맵게 해주세요."

어머니의 비빔국수가 만들어지는 주방에 참기름 고소함이 넘친다. 아, 이 흰머리 소녀를 어찌 제게 보내주셨나요?

"맛을 봐야지?" 하면서 손으로 한 입 넣어 주신다.

조금 싱거운데 '좋다'고 했다.

"나는 맵게 못 먹는다." 어머니 그 맛이 내 맛이다.

독서대를 옮겨놓고 마주 앉아 비빔국수를 먹는다. 물국수를 말했는데 비빔국수가 만들어진 걸 보니 어머니께서 비빔국수가 먹고 싶었나 보다. 이 세상 최고의 비빔국수다!

글을 쓰는 중에 김이 모락모락, 포슬포슬한 감자가 나왔다. 며느리 먹은 국수 그릇을 설거지하는 뒷모습이 너무 행복해 보인다. 아, 흰머리 소녀의 말은 천국의 언어다. 여기는 천국이다. 흰머리 소녀가 있는 곳이니까.

흰머리 소녀는 최고의 코치다

며느리를 키우며 함께 살고 계신 시어머니를 나는 흰머리 소녀라고 부른다. 삼십일 년을 함께 살고 계신 어머니의 나그네 여정은 아흔두 살이다. 그 긴 세월 동안 처음으로 어머니 방 화장실 청소를 했다.

스쳐지나며 바라본 어머니 방 욕실 거울에 눈길이 머문 것은 부끄러움 때문이었다. 얼룩져 있는 거울 모습에서 외로움이 느껴졌다. 바쁘다는 핑계로 주무시는 모습 보고 들어왔다가, 새벽에 서둘러 나가던 생활이 일상이었다.

회장 업무의 공직을 마친 지 두 달이 되어 간다. 시간의 여유가 있음에도 어머니 욕실의 거울까지 바라보지 못한 부끄러운 나 자신을 발견했다. 왈칵 눈물이 쏟아졌다. 고무장갑을 끼고 욕실 청소를 시작했다. 회개하는 마음으로 거울의 얼룩을 닦고 구석구석 기도하는 손길을 모았다. 청소를 마치고 나오는데 어머니께서 말씀하신다.

"안 하던 일을 하면 병나는데, 수고했다."
그 한마디 말속에 한없는 사랑과 배려가 녹아 있었다. 그간 어머니의 외로움과 고독이 쏟아져 내리는 것 같았다. 한없이 부끄러웠다.

구순이 넘은 어머니께서 욕실 청소 한 번 한 애물단지 며느리에게 할 수 있는 최고의 찬사와 사랑을 주셨다.
어머니는 박사도 아니다. 어머니는 코치도 아니다. 어머니는 공감과 소통의 교육을 따로 받으신 적도 없다.
그러나 어머니의 따뜻한 한마디는 이 세상 그 무엇으로도 대신할 수 없는 최고의 학위이고, 코치이고, 스승이다.
그 앞에 한없이 부끄러웠던 나는 공감이 무엇이며, 고객 입장에 머무는 것이 무엇이며, 인정과 칭찬이 무엇인지를 느끼고 체험할 수 있었다.
흰머리 소녀는 나에게 최고의 코치다.

여우 같은 애물단지

"언니, 어디에요?"

막내 시누이 전화였다. 이 아침에 무슨 일일까?

아침 8시, 나는 편의점 의자에 앉아 글을 쓰고 있었다.

"파스 사러 갔는데 안 온다고, 약국 문 안 열었으면 그냥 와야지 비가 억수로 오는데 걱정된다고 엄마가 전화를 몇 번이나 했어요."

새벽예배 마치고, 호수를 돌고, 남편 출근 배웅하려고 서둘러 왔더니, 어머니만 계셨다. 어머니께서 허리가 아프다고 파스 좀 사 오라신다.

오늘은 새벽에 폭우가 내렸다. 그래도 걸었다. 그래서 옷, 신발이 다 젖었다. '이른 시간이라 약국 문이 안 열렸다'고 말씀드렸더니, '8시면 연다'고 하신다. 너무 자신에 차 있는 목소리다. 그냥 '알았다'고 하는 것이 옳다는 생각에 다시 나와서 편의점에 갔다. 셔터 내려진 약국이 맞은 편으로 보였다.

나는 편의점에 앉아서 글을 썼다. 오늘 떠오르는 주제어들을 적으면서 사십 분 넘으니, 셔터가 올라간다. 파스를 사서 집으로 왔다. 어머니가 '웬만하면 심부름 안 시키는데 심부름을 시켜 미안하다'고 하신다. 이 무슨 말도 안 되는 소리인가? 허리 아픈 시어머니 파스 사 오는 것이 무슨 일이라고.

어머니는 그렇게 철저히 자신의 일을 알아서 해 오셨다. 그러면서 며느리를 키워오고 있었다.

식탁에 앉으신 어머니 옆모습을 보며 깜짝 놀랐다. 눈에 눈물이 그렁그렁 고여 있었다. '왜 그러느냐' 물었다.

"요즘 자꾸 눈물이 난다, 괜히 눈물이 난다."

목소리 톤을 확 올리고, 와락 껴안았다. 그리고 말했다.

"어머니 울면 안 돼요. 어머니 덕분에 제가 여기 있어요. 딱 20년 전 암 수술을 받을 때도 어머니의 사랑으로 이겨냈어요. 벌써 20년이 지났어요. 모든 것이 어머니 덕분입니다. 사랑합니다, 어머니. 울지 마세요! 울지 마세요!"

어머니는 고개를 끄덕이셨다.

'순간 무얼 해야 기쁘게 해 드릴 수 있을까' 생각하다 밥상을 차렸다. 얼마 만인가? 밥상을 차렸던 기억이 거의 없다. 식탁에서 같이 식사하며 한껏 분위기를 띄우고, 어머니만의 개그우먼이 되어, 어머니를 잔다르크로 만들어드렸다.

아침 글 쓰던 맥은 끊겼지만, 흰머리 소녀의 기쁨의 맥을 이어주는 데 성공했다. 다시 한번, 흰머리 소녀의 예전 모습을 확인하고 콧노래를 부르며 욕실 거울 앞에 섰다.

그리고 한쪽 눈을 찡긋하며 말했다.

"하나님! 저 여우 같은 애물단지죠?"

빨간 밥 사 먹으라 해라

어머니께서 십만 원을 책상 위에 놓으신다. '무슨 돈이냐'고 물었다.

"TV에서 빨간 밥이 나오는데, 요즘 맛있다고 한다. 집에서 안 해 먹어도 맛있다고 하니 동훈이에게 보내줘라. 빨간 밥 사 먹으라고."

아들에게 바로 보내면서 문자를 남겼다.

"아들, 할머니가 빨간 밥 사 먹으래요."

답장이 왔다.

"빨간 밥이 뭐 임? ㅋㅋㅋ"

"나도 몰라, 할머니가 TV를 보다가 맛있다는 밥을 보셨나 봐. 고맙다고 인사하면서 직접 물어보렴."

흰머리 소녀께서 힘 있을 때 키워 줄 테니 하나 더 낳으라고, 낳으라고 해서 낳은 아들이다.

"어머니, 그럼 저는 낳기만 할게요"라고 말씀드렸다.

애지중지 키워 내신 손주다. 초등학교 4학년까지 학교에 가방을 메고 같이 가서, 복도에서 실내화를 신겨주고 오셨다.

학교 앞 녹색 어머니들 사이에서는, '할머니 개근상을 드려야 한다'고 입을 모았다. 중학교 3년간 매일 천 원씩 지갑에 넣어 주고, 고교 3년 동안은 매일 이천 원씩 넣어 주신 것을 나중에 알게 되었다.

아침에 씻고 나면 스킨, 로션을 양손에 들고 들어가고, 침대 위에는 언제나 와이셔츠·넥타이·조끼·바지가 순서대로 준비되어 있었다. 지금은 독립해서 생활한다. 스물여덟의 싱글 청년이다.

늘 걱정을 하신다. 무얼 먹는지, 어떻게 지내는지. 매일 아들의 일정을 다 알고 있을 정도다.

엄마인 나는 어머니께 묻곤 한다.

"어머니, 동훈이 잘 있데요?"
그러면 어머니는 술술 이야기하신다.

아마도 방송에서 음식 광고를 보신 것 같다. 빨간 밥이 무언지는 모르지만, 할머니의 사랑이다.
빨간 밥이 무얼까? 무엇을 보며 손주를 생각했을까?
치매 등급 받은 할머니의 빨간 밥은 계속될 것 같다. 마음이 촉촉해진다.
'빨간 밥 사 먹으라 해라!'

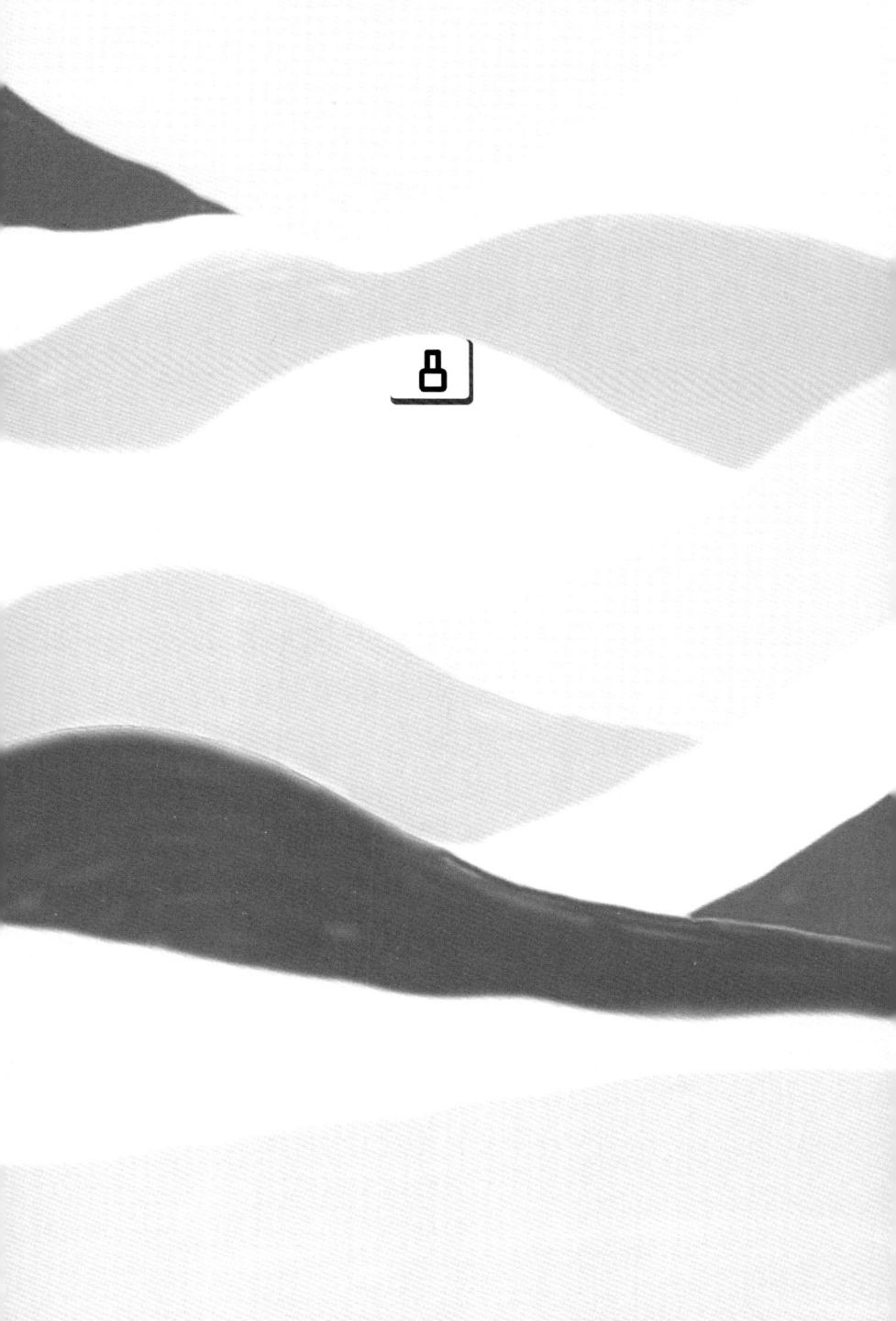

천국 밥상

온몸에 땀이 흥건한 모습으로 집에 들어왔다. 식탁에서 아침 식사 중이신 어머니께서는 신기하듯 바라본다. 이 아침에 땀에 흠뻑 젖어 들어오는 모습이 낯설고 대견해 보이는 눈치다.

'어여 씻으라'고 하신다. 다른 일을 좀 하려다, 어머니 말씀 듣고 바로 씻고 나왔다.

무엇을 먹을 것인지 물으신다. 이른 아침인데 '상추쌈이 먹고 싶다'고 했다. 샤워하면서 빨래한 것을 널고 들어오니 식탁에 아침밥이 차려져 있다.

상추, 호박잎, 양념 된장, 아삭이 고추 한 개, 콩나물무침, 부추전, 계란후라이, 배추김치, 파김치, 오이부추무침, 부대찌개, 잡곡밥, 청포도 한 접시, 귤 한 개. 밥 한입을 떠서 상추에 싸는 순간 콧등이 시큰하고 울컥했다.

맞은편에 앉아 있는 흰머리 소녀를 보았다. 아흔 둘의 시어머니가 육십이 넘은 애물단지 며느리에게 아침밥을 차려 주고, 잘 먹는지 바라보는 것이다.

  암 수술 후 항암치료를 받을 때도 이렇게 건강식을 차려주며 할 수 있다고 용기를 주셨다. 그 덕분에 암을 이겨낸 장한 모습으로 여기에 있는 것이다.

  이런 사랑을 받아도 되는 건가? 아무 자격없이 무조건적인 사랑만으로, 식탁 위에서 찬양이 흐르고 있다.

  어머니는 듣지 못하신다. 청력이 소실되어 큰소리만 들린다.

"주를 봅니다. 지금 이곳에서
주를 봅니다. 지금 이곳에서
주의 시선 나를 비추시고
상처 난 내 마음 만지시네.
말씀하시고 회복케 하시네.
주의 사랑이 다시 살게 하시네…."

이 세상 어디에서도 받을 수 없는 아침밥이다. 내 앞에 차려진 밥은 천국 밥상이다. 이 마음을 느끼고 싶어 핸드폰을 들어 글을 쓴다.

무슨 글을 쓰는지 모르는 흰머리 소녀는 반찬을 넣고 설거지를 하신다. 어머니의 뒷모습을 사진으로 한 장 찍었다.

올해 어머니 이야기를 모아 책을 내드리고 싶다. 어머니 모르게 살금 살금 적은 어머니의 모습을 고스란히 담고 싶다.

아침 밥상. 하늘 아래 그 어디에도 없을 흰머리 소녀의 밥상이다. 그것은 천국 밥상이다.

감자 반 개, 최선의 선택

"감자 먹어라. 한 개 남았다."
식탁 위에 올려놓은 접시에 감자 한 개가 있다.
"어머니 드세요" 했더니, "에미 먹으라고 안 먹었다."
아니, 감자 한 개를 며느리 주려고 애지중지 남겨 두었나?
그게 뭐라고.

'인생 성공했느냐'고 물으면서, 세상 사는 동안 '내 옆에 이런 사람 한 명은 있었으면 하는 그런 사람 있느냐'고 물으면, 서슴없이 '있다'고 말한다.

"회장하면서 애썼는데 밥이나 먹자"고 해서 약속을 했다. 이런 사람 한 명 내 곁에 있었으면, 하는 그런 선배다. 평안함과 행복을 선물해 주는 곳에서 만났다. 식사 후 차에서 무언가를 꺼내 주셨다. 감자였다. '시골에서 온 감자'라며 가져오셨다.

나는 강원도가 고향이다. 그래서 사람도 촌스럽고, 좋아하는 음식도 촌스럽다. 호박잎, 옥수수, 감자, 고구마. '강원도 사람 아니라고 할까 봐 그렇게 촌스러운 음식만 좋아하느냐'고 어머니는 말씀하신다.

　선배님이 주신 감자는 여느 감자와 달랐다. 정말 팍신하고 맛있었다. 어머니께서 매일 세 개씩 쪄 주셨다. 마지막으로 찐 감자 중에 하나 남겨 두었단다.
　마트에 가면 얼마든지 살 수 있지만, 선배님이 주신 거라 더 애정이 가는가 보다. '아, 별로 먹고 싶지는 않은데 어쩐다?' 잠시 고민하다가 감자를 반으로 나누었다.

"어머니 그럼, 우리 반 개씩 먹어요."
　감자 반 개를 접시에 담아 마주 보고 앉았다.
"드세요."

"너도 먹어라."

감자 반 개를 먹고 있는 어머니 모습을 바라보며 생각했다.

인생은 힘들고 고달플 수 있다. 그러나 그 속에서 즐거움을 찾는 것이 인생이 아닐까. 모든 것은 마음먹기에 달렸고, 똑같은 상황에서도 어떤 사람은 절망을 선택해 결국 비참한 길을 가고 어떤 사람은 희망을 선택해 기쁨의 길을 간다.

최선의 선택은 언제나 사랑과 기쁨이다. 태도는 상황을 이긴다. 오늘 감자 반 개는 최고의 선택이었다.

중복 최고의 요리는 짜파게티

"짜장면 먹을래?"

어머니의 말소리에 힘이 실려 있었다.

어머니께서 짜장면이 먹고 싶은가 보다.

"네, 먹을래요."

대답하기 무섭게 어머니는 바삐 움직였다.

'오늘이 중복인데 점심 이벤트를 어찌할까' 생각하고 있었는데 짜장면으로 정해졌다. '주문을 해야 하나' 하는데 어머니 손 뒤에 짜파게티가 들려 있었다. 신나서 준비하는 모습에 덩달아 기분이 좋아졌다.

그러고는 문서 정리에 몰두하고 있었다. 얼마나 지났을까. 어느새 솔 톤의 목소리가 들린다.

"짜장면 다 됐다, 먹자."

완성된 짜파게티를 정성스럽게 담고, 오일까지 뿌린다. 오이지 국물과 김치를 깔끔하게 내놓았다. 호박고구마와 커피 한 잔, 달콤한 아이스크림 하나까지.

지금까지 먹어 본 최고의 요리였다. 단순한 짜파게티가 아니었다. 중복을 보내기에 가장 잘 어울리는 요리는 짜파게티다. '엄지척' 하며 '최고의 요리사'라고 말했다.

흰머리 소녀의 환하게 웃는 모습을 촬영했다.

"이렇게 해?" 하면서 커피잔을 높이 든다. 흰머리 소녀는 최고의 요리사, 최고의 배우다.

나는 어머니의 행복한 애물단지다. 식탁 위에는 잔잔하게 찬양이 흐르고 있다.

"난 예수로 예수로 예수로 충만하네.

난 예수로 예수로 예수로 충만하네.

세상 모든 것들도 부럽지 않네.

난 예수로 예수로 예수로 충만하네.

영원한 왕 내 안에 살아 계시네."

배려의 끝판왕

아침 눈을 뜨자마자 더운 기운이 느껴진다. 열대야와 장마가 겹쳐서 에어컨 없이는 정상적인 생활이 어려운 상황이다. 에어컨이 꺼져 있길래 켰다. 외출 준비를 여유 있게 했다. 화장하고, 아침 먹는데 두 시간 넘게 소요된 것 같다.

갑자기 어머니가 옷을 갈아입고 나오신다.

"어디 가세요?"

"추워서 밖에 나가련다."

어머니 혼자 계시다 요즘 나와 함께 지내면서 행여라도 더우실까 봐 일찍부터 켠 에어컨이 싫었던 거다.

순간 '내 입장에서 베풀었던 친절이 상대방에게는 불편할 수도 있겠구나' 생각했다.

얼마 전, 호수 주변을 도는데 갑자기 비가 내렸다. '설마 많이 오려고?' 하면서 걷다가 굵어지는 빗방울에 백기를 든 채 뒤돌아 달렸다. 차 있는 곳으로 가기 위해서다.

한참을 달려 우산을 꺼내 들고 다시 걷기를 시작할 때 비를 맞으며 걸어오는 젊은 청년을 만났다. 옆을 지나치다 돌아서서 물었다.

"우산 하나 더 있는데 드릴까요?"

다시 차로 달려가서 우산을 꺼냈다. 비상용으로 두었던 삼단 접이 우산이 상표도 그대로 있었다.

재빨리 뛰어가 우산을 건넸다. "이거 쓰세요" 하고 돌아서려는 순간 무언가 느낌이 이상했다. 다시 말을 건넸다.

"우산 펴 드릴까요?"

우산 집을 벗기고 우산을 펴서 건넸다.

아! 한 손이 부자연스러운 모습이었다. 내 입장에서만 생각하고 새 우산을 건넸는데, 순간 얼마나 당혹스러웠을까? 돌아서서 걸으며 기도했다.

"친절을 내 입장에서만 생각하지 않게 해주세요. 저 청년이 느꼈을 좌절감은 차라리 우산 없이 비를 맞으며 걷는 것이 자존심을 더 지킬 수 있는 것일 거예요. 죄송해요."

그런데 오늘, 같은 일이 재현된 것이다. 무더위에 혹시 에어컨 켜기가 아까워 망설이며 못 켜고 있을 줄 알고, 낮은 온도로 켜두었다. 어머니는 방문을 닫고 계시면서 무슨 생각을 했을까?

춥다고 말하지 않고 주섬주섬 옷을 챙겨 입었을 마음을 생각하니 한없이 부끄럽다. 나가시는 어머니가 마음에 걸렸지만 아무 말 하지 않았다. 빨리 준비하고 나오는 것이 어머니를 도와주는 거라 생각했다.

'아, 어디에 가셨을까? 이 무더위에.'

차를 타고 아파트를 돌아 나가는 순간 어머니가 걸어오고 있었다. 큰 소리로 인사했다.

"어머니, 다녀올게요!"

흰머리 소녀는 배려의 끝판왕이다.

기저귀 좀 사와라

"기저귀 좀 사와라. 화장실 못 가겠는데 오줌이 나온다."
그 누구보다도 자존심이 강하고 자기관리에 철저한 어머니의 말씀에 선뜻 대답을 할 수 없었다.
근래 들어 부쩍 힘들어 하고 거동이 불편해서 병원 진료를 받고, 약을 먹으며 치료 중이다.
"어머니, 넘어지면 안 돼요. 화장실을 못 가면 그때부터 정말 힘들어요."
어머니는 무릎이 굳을까 봐 지팡이를 짚고, 상가를 운동 삼아 하루 두 번 다니셨다. 지팡이를 짚고 거실을 걷고, 화분에 물을 주고, 베란다 의자에 앉아서 교회 십자가를 바라보며 하루 세 번 기도하셨다.
"있냐?"
어머니 목소리가 들리는 듯해서 방으로 달려갔다.
"위로 올라가지 못하겠다. 발을 좀 밀어다오."
침대에서 베개 있는 곳으로 몸을 움직일 수 없었다.

식사를 전폐하시고, 약간의 물 만 마신다. '왜 그러느냐'고 물었더니 '화장실 갈까 봐 겁나서 물을 안 먹겠다'고 한다. 어머니 눈에 눈물이 고여 있었다. 나는 눈을 맞출 수 없어 거실로 나왔다.

전동침대와 욕창 매트리스, 휠체어를 주문했다. 순간 생각했다. 이때 '예수님이라면 어떻게 할까?'

청소를 시작했다. 얼마만의 청소인가? 어머니 방을 깨끗하게 물걸레질까지 했다. 그리고 화장했다. 옷을 갈아입고, 어머니 침대 옆에 의자를 놓고 앉았다. 예배를 드렸다.

요한복음 4장 사마리아 여인 이야기.

'물동이를 버려두고' 본문을 읽고 찬양하는데 소리 없는 눈물이 앞을 가렸다. 침대에 누운 어머니께서도 울고 계셨다. 함께 눈물로 예배를 드렸다.

어머니 손을 잡고 기도했다. 화장실을 갈 수 있게 해 달라고, 거실로 나갈 수 있게 해 달라고.

공적인 임무를 마친 후 이렇게 어머니와 함께 있을 수 있어서 감사하다. 나의 한 가지 바람은 어머니가 화장실을 가는 거다. 그리고 지팡이를 짚고 거실로 나올 수 있는 것이다.

그동안 너무 많은 것을 바라며 살아온 것을 느꼈다. 어머니를 시설로 모시지 않고 마지막까지 집에서 함께 하고 싶다.

어머니의 마지막 자존심 무너지는 말씀.
"기저귀 좀 사 와라."
나는 이 말씀은 순종하고 싶지 않다.

우리 집 빨랫줄에는 서열이 있어요

어머니께서 갑자기 건강이 안 좋아지더니 치매 진단을 받게 되었다. 누군가의 돌봄이 필요해 막내 시누이가 급하게 투입되었다. 어머니께서 하시던 살림을 시누이가 하면서 어머니 간호까지 맡아야 했다. 아무리 엄마를 간호한다 해도 지치고 주저앉고 싶을 때가 있을 거다. 그러나 내색하지 않고 기쁨으로 감당해 주는 모습을 보며 감사했다.

어머니를 위해 내가 할 수 있는 일은 없었다. 오직 나에게 맡겨진 업무를 열심히 감당하는 것이 어머니와 시누이를 위하는 일이라 생각했다. 가끔 시간이 날 때면 시누이와 호수를 걸으며 코칭을 했다. 마음을 나누고 공감하며 서로를 위로했다.
서로를 위한 힐링의 시간이었다. 어쩜 나는 이렇게 복도 많을까? 어머니도, 시누이도, 내게는 선물 같은 분들이다. 너무 고맙고 감사하다.

어느 날 시누이는 내게 말했다.

"언니, 우리 집 베란다 빨랫줄에는 서열이 있어요. 그거 아세요?"

무슨 말인가 물었더니, '시누이가 빨래해서 잘 널고 나면 어머니께서 나오셔서 다시 빨래를 걷어 새롭게 넌다'고 한다.

그런데 '어머니는 제일 앞줄에 내 옷을 널고, 시누이 옷은 뒤쪽으로 놓는다고 하면서 빨랫줄의 서열 1위가 언니'라고 웃는다.

지금 어머니는 화장실을 가기도 힘든 상태다. 길에서 넘어진 후로 허리를 다쳐서 일상생활이 불가능하다. 어서 빨리 일어나셔서 어머니 손으로 "우리 집 빨랫줄에는 서열이 있어요"라며 빨랫줄의 서열을 정리해 주시길 바라는 마음이다.

바라보는 것만으로도 충분했다

추석날 아침, 서두르지 않고 여유 있게 일어났다. 코로나 백신 주사를 안 맞았고, 요즘 부쩍 신체기능이 악화한 어머니를 위해 가족 모두에게 오지 말라고 했다. 일상생활이 어려운 어머니와 단둘이 마주 앉았다. 거창한 진수성찬도 아니고, 기름진 음식도 아니다. 평소와 다름없는 식사를 나누며 어머니를 바라보았다.

92세의 흰머리 소녀. 백발 머리가 꽤 많이 자랐다. 평소 같으면 추석맞이 커트에 파마했을 텐데, 로션조차 사치스러운 듯 바르지 못한 얼굴에 병원 침대에서 금방 일어난 환자의 모습이다. 초점이 흐린 눈빛, 밭고랑처럼 파인 목, 검버섯이 선명한 팔, 차츰 야위어 바람처럼 가벼워져 가는 모습. 누구나 지나가야 할 그 길을 흰머리 소녀는 집에서 지나가는 중이다.

식사를 마친 뒤 그대로 움직이지 않고 어머니를 바라보았다. 얼마간의 침묵이 흘렀다. 이 여인을 마지막까지 이렇게 집에서 모실 수 있기를 간절히 바라는 마음으로 소리 없는 기도를 올렸다. 요플레를 따서 드리며 뜯어낸 뚜껑을 앞에서 핥아먹으며 말했다.

"어머니, 드세요."

작은 수저조차 잡기 힘든 표정이다. 천천히 다 드시도록 격려했다. 엄청 큰일을 마친 듯 분홍색 숟가락을 놓으며 쳐다본다. 양손 엄지를 치켜들고 최고라고 했다. 아무 말 없이 바라보시더니 이야기를 시작한다. 어제 저녁 그렇게 험한 말을 하고, 화를 내던 그 모습은 온데간데없고, 그저 한 마리 어린양처럼 순한 눈빛이다.

시집 와서 시부모님께 사랑 받던 일, 첫딸 출산하던 그날, 남편과의 사랑 등. 칠십여 년 전의 일을 어제 일처럼 선명하고 또렷하게 이야기한다. 어머니의 옛날이야기로 한 시간이 지났다. 침대에서 금방 일어났던 환자의 모습에서 어느새 수줍은 새색시로 변해 있었다.

추석날 조찬은 그저 바라보는 것만으로도 충분했다.

입으로 요리하게 하렴

앗! 어머니 아침 약 드실 시간이 지났다. 밤새 기침으로 뒤척이다 단잠에 빠졌던 것이다. 단숨에 주방으로 나가 밀키트 소고기뭇국을 데웠다.

어머니께서 살림하실 때는 그렇게도 다양하게 반찬들이 준비되었는데, 어떻게 그리할 수 있었을까? 놀랍기만 하다.

어린아이처럼 겨우 국물에 말은 밥을 몇 술 드시고 이내 누우셨다. 내 스케줄에 따르면 이제 운동을 나가면 된다. 어머니 방을 나오는데 왠지 편하지 않다.

'이럴 때 예수님이라면 어떻게 하실까?' 순간 '입으로 요리하게 하렴!' 하는 마음속의 음성이 들렸다.

다시 옷을 갈아입고, 앞치마를 둘렀다. 무엇을 해야 할지 막막했다. 냉장고를 열고 평소 어머니께서 하시던 재료를 꺼냈다.

두부, 감자, 고구마. 두부를 썰어 보여드리며 어떻게 해야 하는지 물었다. 어머니는 침대에 누워 말씀하신다.

양념장 만드는 것. 두부를 부치는 것.

"양념장을 먼저 넣고 두부를 올리고, 다시 양념장을 얹어라."
수십 번을 물으며 보여드렸다.
"물 좀 더 넣어라. 마늘 좀 더 넣어라."
그릇은 어떤 것을 사용하는지. 다 완성된 음식은 어디에 담아야 하는지. 수십 번 묻고 답하는 가운데 두부조림이 완성되고, 다시 감자조림을 시작했다. 또 다시 여러 번의 질문을 하고 어머니가 하라는 대로만 했다. 그리고 담으라는 그릇에 담았다.
감자를 찌고 고구마를 구웠다. 항상 식탁 위에 간식으로 준비되어 있던 핑거푸드다. 오늘은 어머니께서 입으로 말씀하고 나는 그대로 따라했다. 이렇게 하면 되는 거였다.
며느리의 말도 안 되는 질문이 계속됐고, 어머니는 요리하듯 말씀하셨다. 식탁 위에 준비된 음식들을 보며 한참 있었다. 다시 어머니께서 요리할 그날을 기대하며 기도한다.
어머니 침대에 누워 계시는 동안 요리하는 방법을 알았다.
'입으로 요리하게 하렴!'

흰머리 소녀에게 방문간호란?

 평소에 어머니는 요양시설에 관해 자주 말씀하셨다. '감옥이라고, 한 번 들어가면 못 나온다고, 시설에 가지 말고 죽어야 한다'고 하셨다. 그 말을 들을 때면 이러지도 저러지도 못했다. 늘 바쁘게 일을 해야 했기 때문이다.
 어머니의 신체 상태가 악화되어 장기 요양 등급 신청을 했다. 임상 현장에서 배우고 익히던 것을 실제로 방문간호 현장에서 적용하게 되었다. 어머니는 집에 가족이 아닌 타인이 들어오는 걸 유난히 꺼리신다.
 오늘은 건강보험공단에서 등급 변경을 위해 방문하는 날이다. 침대에 누워있는 어머니께 말씀드렸다.
 "어머니가 많이 아프고, 힘들어져도 요양병원이나 요양원 등 시설로 가지 않으시고 저와 함께 끝까지 집에서 있을 거라고 제가 나라에 신고를 했어요. 그래서 얼마나 아픈지 보러 옵니다."
 누가 온다고 하니, 요즘 부쩍 야위고 우울감이 심해진 어머니는 못마땅한 표정이다. 다시 큰소리로 말씀드렸다.

"어머니를 제가 끝까지 모신다는 말입니다. 아셨지요? 그러니 아무 염려 마세요. 제가 있으니까요."

어린아이 같다. 나이 들면 어린아이가 된다고 했던 말이 무언지 몸소 느끼는 요즘이다.

다녀가고 난 다음에도 자꾸 물으신다. '왜 왔다 갔느냐'고, '뭐 하러 왔느냐'고, 그러다 닭똥만 한 눈물을 흘리신다.

'죽고 싶다고, 죽는 약을 사 오라'고 하신다. 식사도 거부하고, 눈의 초점도 흐리다. 신체 상태는 쇠약해져 가고, 고집은 감당하지 못할 만큼 세다.

어르고 달래서 밥을 먹게 하고 두유를 마시게 한다. 침대에 누워서 또 말씀하신다. '왜 왔다 갔느냐'고. 나와 우리 가족을 위해 평생을 헌신해 오신 흰머리 소녀께 다시 말씀드린다.

"어머니 아파도 시설에 안 가고 저와 함께 살 겁니다. 제가 옆에 있을 겁니다."

나는 누구인가

　잔잔한 가스펠송이 거실 구석구석에 채워진다. 투명한 햇살이 여과 없이 거실과 베란다에 내려와 앉는다.
　흰머리 소녀는 오랜만에 옷을 갈아입었다. 빨갛고 짙은 청색이 어우러진 꽃무늬 옷이다.
　어머니 침대 옆에는 기저귀가 박스로 놓여있고, 온몸으로 밀어야 걸을 수 있는 워커카가 있다. 그 옆에는 지팡이, 혈압계, 체온계, 각종 통증 감소를 위한 마사지 젤, 연고, 파스. 이 모든 것들이 창으로 들어오는 햇살 받고 서로를 바라보며, 자기 자리를 지키고 있다.
　길에서 넘어진 후로 허리통증 때문에 거동이 힘겨운 상태가 한 달이 넘었다. 날마다 노쇠해지고 온몸이 가벼워지는 모습을 보며, 아름다운 이 세상 소풍을 마치려고 준비하는 느낌이 든다. 눈가에는 촉촉한 액체가 소리 없이 흘러내린다. 조용히 바라본다. 나를 인식하든 못하든.

식사는 거의 안 하시고, 요플레, 두유 종류를 드신다. 그것도 몇 번을 권유해야 겨우 드신다. 신체 상태가 악화하여 건강보험 공단 등급이 5등급에서 3등급으로 변경되었다. 간호와 요양을 등록했다. 이제 어머니를 위해 더욱 의미 있는 시간을 보내야 한다.

어쩌면, 오늘 지금 이 순간이 마지막이라는 마음으로 바라보아야 한다. 나에게 주신 가장 소중한 축복이다. 흰머리 소녀.

우리 가족과 가정을 지켜오신 어머니를 위해 이제는 내가 어머니를 지켜드려야 한다. 나에게 주신 마지막 선물이다. 나는 이 선물을 좀 더 고귀하고 아름답게 만들고 싶다. 지난날 내가 아무 염려 없이 맘껏 날 수 있었던 것은, 바로 오늘의 선물 때문이었다. 흰머리 소녀.

어머니를 보면서 미래의 나를 떠올려본다. 우리는 어떤 모습으로 자신의 마지막 삶을 준비해야 할지. 어머니는 마지막까지 나에게 스승이고 멘토다. 곁에 계실 때 더 느끼고 만져보자. 흰머리 소녀의 사랑을.

다시 태어나도 나는 당신의 며느리로 태어날 것이다.
이 여인에게 주님의 긍휼을 베풀어 주소서.
더 많이 사랑하게 하소서!
더 많이 바라보게 하소서!
더 많이 웃게 하소서!

이런 기도가 저절로 쏟아져 나오도록 흰머리 소녀에게 어마어마한 선물을 받아온 나.
'아, 나는 누구인가?'

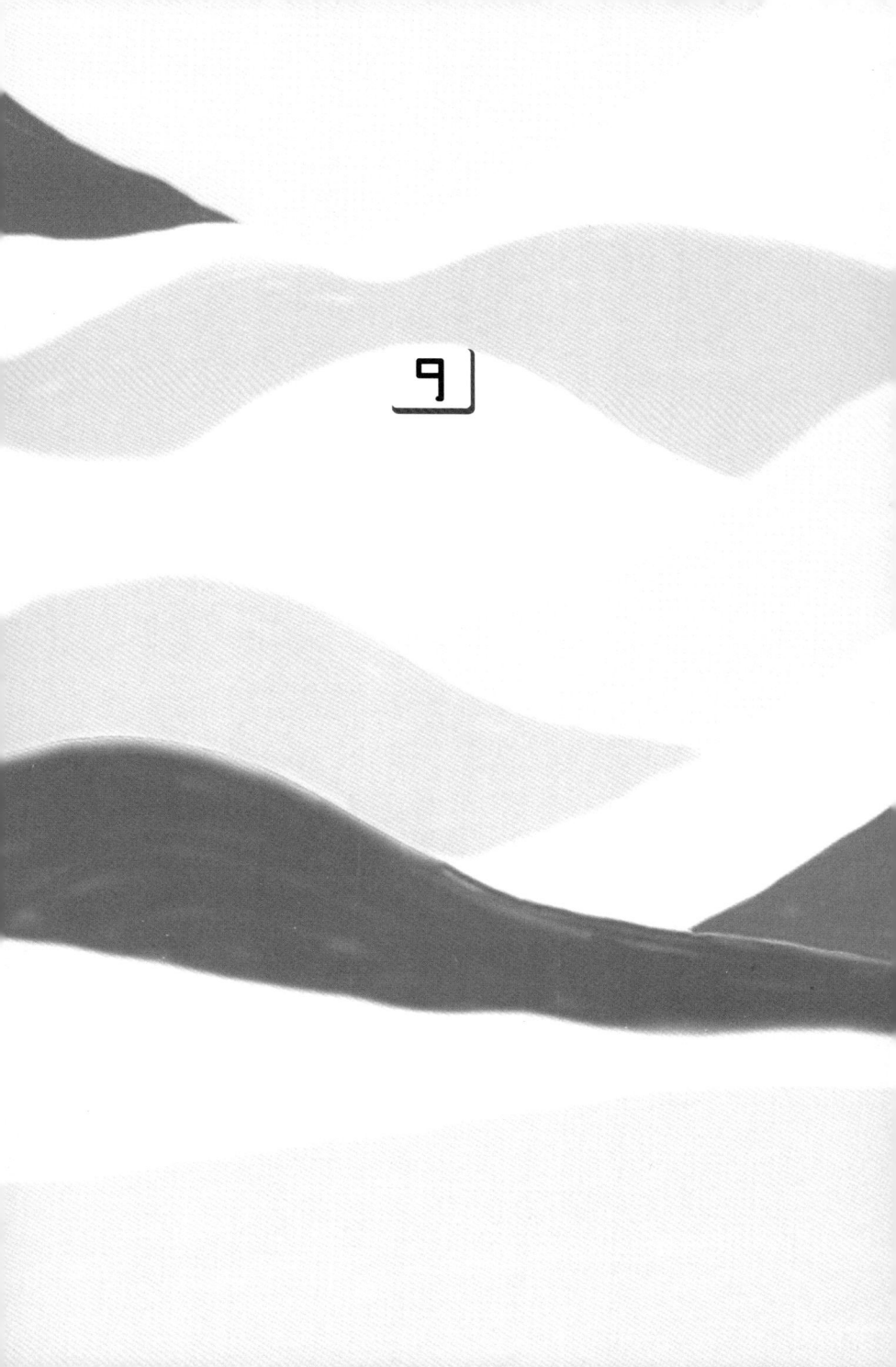

나의 주치의는 흰머리 소녀

"약 먹어라, 이거 먹으면 금방 내려간다. 매실 먹어라."

몸을 제대로 움직이지 못하면서도 며느리를 바라보는 눈은 매의 눈인가 보다.

아침을 먹는데 갑자기 배가 아파 식탁에서 일어나 배를 살살 마사지하고 서 있었다. 침대에 누워 계시던 어머니께서 어느새 지팡이를 짚고 내 뒤에 서 계셨다.

어머니를 간호하는 사람은 난데, 어머니께서 나를 걱정하시는 그 눈빛이 너무 간절하고 지극했다. 한의원에서 사 온 어머니 약을 한 움큼 주셔서 받아 꿀꺽 삼켰다. 매실을 컵에 따라 주시며 먹으라고 한다.

"이거 먹고 나면 쑥 내려가고, 트림이 난다."

어머니는 의사도 아니고 간호사도 아니다. 그런데 어머니 처방은 신기할 만치 효과가 정확하다.

내가 체하기라도 하면, 바늘로 손을 따 주신다. 등을 두드리고 팔을 주물러주면 신기하게 금방 낫는다.

　오늘도 어머니는 명의였다. 주신 약을 억지로 한 움큼 먹고, 부어주신 매실을 먹고 나니 속이 시원해졌다.

　'어디를 가느냐'고 묻는다. 운동복 차림으로 나가는 모습이 낯설어 보여서 그러실 거다. 어머니를 내가 모시는 게 아니고, 어머니께서 며느리를 모시고 사는 게 맞다. 어머니가 안 계시면 아무것도 못한다.

　며느리의 일거수일투족을 안타까워하며 눈 안에 넣으시는 구순의 흰머리 소녀. 어머니의 배려는 극치에 달한다. 절대 무리하게 묻거나 강요하지 않으신다.

　무릎 연골주사를 맞아야 할 때가 되었을 때도 '병원에 좀 가자'하면 될 텐데 '시간이 언제 되느냐?' 물으신다. 참 닮고 싶은 여인이다.

　이 여인이 바로 마음과 몸을 지켜주고 고쳐주는 나의 주치의 흰머리 소녀다.

아낌없이 주는 사랑

오늘은 저녁 시간에 맞게 일찍 들어왔다. 가방과 짐을 내려놓고 주방으로 가니 어머니가 무언가를 하고 있었다. '어머니' 하고 부르는 소리에 고개를 돌린다. 어머니 눈빛이 마주치는 순간 와락 끌어안았다.

"어머니, 사랑해요." 한참을 있었다. 어머니의 심장박동을 느끼고 안았던 팔을 풀었다.

흰머리 소녀 어머니는 구십 이세에 치매 등급을 받고 요즘은 거동도 불편하다. 지팡이를 짚고 집안에서 보행한다. 삼십 년이 훨씬 넘도록 함께 살면서 모든 것을 다 해주신 날개 없는 천사다. 어머니께서는 혼자 할 수 있는 일은 최선을 다해서 하신다. 노년까지 건강하게 살려면 어떻게 해야 하는지를 정확하게 보여 주는 내 삶의 멘토이다. 자기관리에 철저하고 계획성 있게 시간을 보낸다. 물을 한 컵 마셔도 그냥 마시지 않는다. 작은 움직임 하나에도 격 있고 품위와 자존감이 흐른다.

내가 존경하는 여인이고, 다시 태어나도 어머니의 며느리가 될 거라고 서슴지 않고 말한다. 어머니의 눈빛을 가까이에서 마주해 본 시간이 한참 된 것 같다.

옷을 갈아입고 있을 때 방문을 열고 물어보신다.
"밥 먹을래? 계란프라이 해줄까?"
"네."
시간이 조금 흘렀을 뿐인데 벌써 밥 먹으라고 부르신다. 어머니께서 차려 놓으신 식탁은 너무 정겨웠다. 계란프라이를 두 개나 하고 반찬은 덜지 않고 통째로 쭈욱 열어 놓았다. 넓은 접시에 가지런히 담고 싶었지만 주신 대로 그냥 앉았다. 맞은 편에 앉아 있는 모습을 바라보았다.

지금의 모습으로 요양병원에 계시면 영락없는 환자다. 이렇게라도 어설픈 일상생활을 할 수 있어 감사한 마음이다. 이 여인을 내게 보내신 이유가 무얼까? 이토록 순수하고 깊은 마음을 가진 흰머리 소녀 천사. 세상 그 무엇으로도 갚을 수 없는 헌신이고 배려의 사랑이다. 부디 지금의 이 모습으로 오래 곁에 계시다가 하나님 부르실 때, 이 세상 소풍 마치는 날 주무시듯이 침대에서 주님 품에 안기기를 기도한다.

차려 준대로 다 먹고 나니 슬쩍 일어나신다. 지팡이를 짚고 그릇을 하나하나 싱크대로 옮기더니 비스듬히 기대어 서서 설거지를 하신다. 의자에 앉아서 어머니의 뒷모습을 본다. 우리 집의 모습을 동영상으로 찍는다면 아마도 며느리인 나를 고발할지도 모른다. 평범한 다른 가정에서는 있을 수 없는 모습이 우리 집이다. 그렇게 흰머리 소녀는 모든 것을 다 주고도 더 주고 싶어서 부자연스러운 모습도 아랑곳없이 움직이신다. 그 표정이 아름답다.

침대에 가서 누우셨다. 한참 후 어머니 방으로 들어가서 혈압과 체온을 체크하니 정상 수치다.

"어머니, 정상입니다."

그리고 두 손을 잡고 기도했다. 어머니의 사랑에 감사하고 지금의 강건함으로 백수를 누리게 해 달라고, 날마다 감사하는 마음으로 살게 해 달라고 기도를 마치니 '아멘'이라고 크게 말하고는 '어서 가서 자라' 하신다. 지금이 몇 시인데, 벌써?

정신이 맑을 때도 있고, 심하게 치매 증상을 보일 때도 있다. 아직 나는 해야 할 것이 많이 있는데 어찌할까? 어머니 말씀에 순종하며 자야 할까?

"밥 먹을래? 계란후라이 해줄까?"

어머니가 주고 싶었던 오늘의 사랑이다. 오늘 밤에는 살짝 어머니 침대에서 같이 자야겠다.

아, 선물이네요

　김치찌개가 보글보글 끓고 있다. 뚜껑을 열어보니 속살 보이는 것이 부끄러운 듯 온몸을 감추려고 김치 아래로 숨었다 올라왔다 하며 서로 끌어주고 밀어주면서 호들갑을 떨고 있는 게 있었다. 적당한 크기로 잘라진 햄이었다. 푹 익은 갓김치도 보이고 간장에 삭힌 고추도 보인다. 건강해 보이는 짙푸른 배춧잎 김치도 덩달아 춤을 춘다. 분주하게 몸단장을 하며 한 판 수다를 떨고 있는 모습이었다. 나를 보고 멈칫하는 그 분위기에 얼른 뚜껑을 닫았다. 이미 나에게 들킨 적당한 농도의 국물 색도 군침을 돌게 했다. 코끝을 자극하며 입맛을 다시게 하는 찌개 향내는 주방을 감싸고 있다.
　어머니를 바라보며 물었다.
　"김치찌개네요?"
　"그래, 새로 끓였다."
　분명 어제 아침 김치찌개를 하셔서 맛있게 먹었는데 또 아침에 더 많은 김치찌개를 새로 끓였다. 어제 끓인 걸 모르고 전혀 새로운 마음으로 김치찌개를 끓인 것 같다. 어머니는 치매 등급을 받았지만, 집에 계신다. 병원에서 퇴원할 때 집에서 모시기 힘들 거라고 했지만 집으로 모셨다. 그 결정은 잘했다고 생각한다. 어떤 일을 어떻게 하든 일상생활을 할 수 있도록 환경을 만드는 것이 중요하다고 생각한다. 시누이가 돌봐 주다가 두 손 들고 갔다. 더는 못하겠다고. 이상하게도 그 이후 조금씩 좋아졌다 심해졌다 반복하면서 오늘을 살고 있다.

어머니와 식탁에 마주 앉았다. 은빛 머리에 초점 흐린 눈빛. 주름은 짙게 패였지만 강인함과 삶의 의지가 느껴지는 피부, 매니큐어를 칠한 손톱. 병원에 계시면 영락없는 환자의 모습이다.
하지만 일상의 공간에서 어머니의 자리를 지키고 있다. 지금 내 앞에 이렇게 앉아 있다. 치아가 없어서 잘 씹지는 못한다. 입에 들어가면 잘 녹는 반찬을 위주로 드신다. 식사하는 어머니를 바라보며 왠지 모를 울림과 가슴 저 밑에서 솟아오르는 벅

참을 느낀다.

 '아, 하나님이 지금 나에게 흰머리 소녀라는 세상에서 가장 귀한 선물을 주셨구나!'

 식탁 위를 보았다. 차려진 모든 음식이 선물이다. 김치찌개의 김치는 '김장했느냐'고 물어서 '안 했다'고 하니 집사님이 덥석 싸 주신 김치다. 속살이 부끄러워 몸을 숨기던 햄은 부산에서 보내준 것이다. 부드럽게 입에 녹아 먹기 좋게 무쳐진 김은 대학원 동문회장이 보내준 거다. 깊은 맛을 내는 갓김치는 여수에 있는 최도자 의원님이 보내주셨다. 달콤하게 무쳐서 자꾸 손이 가게 만드는 밥도둑 황태포 무침은 고교 동창들이 40년 만에 리와인드 수학여행을 가서 여수에서 보내주었다. 나무수저와 젓가락은 보건의료 단체장이 주셨다. 조금 길게 썰어서 담아낸 김치는 사랑나눔공동체 이은덕 회장님이 보내주셨다. 무심코 먹고 있던 식탁 위의 모든 것이 내 것이 아니었다. 식사를 마치고 커피를 타서 다시 앉았다. 핸드 드립 커피는 전북대 병원 회원이 보내준 거다. 커피를 내린 희고 정갈한 잔은 교육에서 만났던 한성주 님이 주신 거다. 내가 좋아하는 사인까지 새겨진 이쁜 컵이다. 나는 항상 커피를 마시면서 빵이나 쿠키를 먹는다. 접시에 담긴 머핀은 둘째 시누이가 사다 준 빵이다. 그 옆에 준비된 미니 초코바는 다니엘 기도회 때 간식으로 주신 거다. 그 옆에 대봉감이 웃으며 기다린다. 대봉감은 진주에서 동생이 가져왔다. 수줍게 얼굴 내밀고 있는 호두과자는 찬양단 출석 선물로 받은 거다.

  깜짝 놀랐다. 나는 나를 둘러싼 모든 것을 내 것으로 생각했다. 오늘 아침을 먹으면서 귀한 선물 흰머리 소녀를 바라볼 때 눈길 닿았던 모든 것. 선물이었다. 옷을 차려입고 나가려 마지막 향수를 살짝 바르는데 또 생각났다. '옥아! 오늘 또한 너에게 주는 선물이란다.'

  '아, 그렇다. 모든 것이 선물이다.'

어머니 침대에서 새벽을 맞으리

"머리카락으로 버선을 삼아 드려도 모자란다."

은혜를 많이 입었을 때 표현하는 최고의 말이 아니던가. 오늘의 나를 생각하면 마음이 촉촉해지고 머리카락으로 버선을 지어 드려도 모자랄 사람이 있다. 나의 든든한 후원자 내 삶의 멘토이자 어떻게 세상을 살아가야 하는지를 몸소 보여주는 사람, 자기관리가 철저하고 단 한순간도 흐트러짐 없는 강인한 모습, 품격 있는 자존감을 지닌 사람, 친구들이 집에 방문하면 '며느리 친구들을 대하는 모습이 교수님 성품 같다'라고 말하는 바로 그 사람, 내가 흰머리 소녀라고 부르는 어머니다. 삼십삼 년을 함께 살고 있다.

멋스럽고 정정한 여인으로 우리 집에 오셨는데 지금은 구순을 넘기고 치매 등급을 받고 흰머리 소녀가 되었다. 어머니가 키워주신 딸아이는 시집을 가서 두 자녀의 학부모가 되었고, 아들은 건강한 사회인으로 독립해서 살고 있다. 직장생활을 원 없이 할 수 있도록 뒷받침해준 덕분에 나는 42년간의 공적인 업무를 성공적으로 마칠 수 있었다.

　어머니의 조건 없는 헌신의 모습을 보고 느낄 때마다 감동을 한다. '나는 어머니처럼 못한다'고 말하곤 한다. 그런 어머니의 사랑을 글로 남기고 싶었다. 어머니 생전에 사랑 이야기를 엮어 책으로 내주고 싶었다. '글 쓰는 사람이 세상을 바꾼다' 글사세에 들어가서 글을 쓰고 몇 편을 정리했다. '글로 모인 사이' 글모사에 들어가서 그간의 작은 이야기 몇 편을 모아서 책을 발간했다. 어머니에 대한 고마운 마음을 담았다.

　글모사에서 하나의 주제로 여러 다른 글을 쓰는 즐거움을 맛보았다. 기한이 정해진 긴박감을 선물로 받아 누리면서 혼자라면 불가능할 일인데 함께 호흡 맞춰 출간까지 달려올 수 있었다.

세상 그 무엇보다 진솔하고 아름다운 각자의 삶을 내어놓은 값으로 환산할 수 없는 글쓰기를 배울 수 있었다. 이제 글쓰기를 삶에 들인다. 선한 영향력을 나누는 글쓰기로 작가의 삶을 지향한다.

"글쓰기는 삶 쓰기입니다."
"작가라서 쓰는 게 아니라, 쓰니까 작가입니다!"
"인문학이란 '나'라는 마음의 호수에 '왜'라는 돌을 던지는 것입니다."　　　　　　　　　　　　　-스테르담, 글로 모인 사이

그렇게 글을 다듬고 고치고 퇴고하며 드디어 생명체가 탄생했다.『인생은 운명의 수레를 타고』다.
첫 출간작이라 나에겐 의미가 컸고 더구나 어머니께 드리고 싶은 마음에 넉넉하게 주문했다. 책이 집에 도착하던 날. 어머니께서는 '무슨 책을 이렇게 많이 샀느냐'고 말씀하신다. 아무

말없이 박스를 열고 책 한 권을 꺼내서 어머니께로 갔다.

"어머니, 이 책이 어머니 이야기를 적은 어머니 책이에요!"

어머니 표정이 금방 밝아지며 얼굴이 발그레해졌다. 어머니의 사랑 이야기를 다 담지는 못했지만, 2022년도 목표는 작게라도 이루었다. 이제 2023년은 오롯이 흰머리 소녀의 사랑만을 담아 어머니께 드리고 싶다. 그리고 더 많이 주문해서 어머니를 놀라게 해주고 싶다. 한 장 한 장 밤이 새도록 읽어드리고 싶다. 어머니 침대에서 새벽을 맞으면서.

너는 내가 살렸다, 고맙지?

집안에 들어서니 이상한 장면이 보였다. 어항 앞에 빨간 플라스틱 대야가 놓였고 그 속에 금붕어 한 마리가 있었다. 어머니가 무어라 계속 말을 한다. 살짝 뒤에 가서 섰다. "너는 내가 살렸다. 고맙지? 잘 살아라" 하면서 금붕어와 이야기를 하고 있다.

'무슨 일이냐'고 물었더니 작은 물고기 몇 마리가 금붕어 한 마리를 쫓아다니면서 못살게 굴어 불쌍해서 꺼냈다고 한다. 죽을 거 같아서 식초 몇 방울 떨군 물에 넣어 놓고 보는 중이라고 한다. 물고기가 아플 때 식초를 떨구면 살아난다고? 물에 식초를 타서 붕어에게 준다는 말은 처음 들어본다.

어머니는 아이 돌보듯 대야에 있는 금붕어와 이야기하며 살피느라 방에 들어가질 못한다. 그 대화는 두 시간을 넘겼다. 대야에 물고기를 조심스럽게 어항에 넣으며 다시 말한다.

"너는 내가 살렸다. 고맙지? 그리고 너희들은 따라다니지 말고 그냥 두어야 한다."

어머니의 지극정성 때문인지 죽어가던 금붕어는 아직 살아 있다. 어머니의 손은 약손이고, 어머니의 말씀은 힘이 있다. 물고기도 듣고 순종하는 야릇한 힘을 가졌다.

나는 잘 체한다. 무얼 먹든 물을 먼저 먹고 천천히 먹지 않으면 영락없이 체하고 만다. 물이 없으면 굶을지언정 못 먹는다. 만약 그냥 먹고 체할 때면 어머니의 처방이 내게 특효약이다. 등을 두드리고 손을 따준다. '아니 약을 먹어야지 지금 세상에 그게 말이 되느냐'고 하겠지만 어머니의 손은 나를 낫게 한다. 참 신기하다. 그래서 밖에서 체하거나 아프면 나는 집으로 달려온다. 현관문을 열면서부터 어머니를 부른다. 체했다고.

어머니는 바늘과 실을 가지고 오셔서 실로 손가락을 묶고 바늘로 손을 딴다. 검붉은 피가 나오면 '이제 다 내려갔다' 하면서 다시 등을 두드려 준다. 그러면 이상하게도 트림이 나면서 체한 게 내려간다. 어쩔 수 없이 나는 어머니와 함께 살아야만

하는 운명이다. 어머니 없이는 단 하루도 살 수 없는 금붕어 같은 애물단지 며느리다. 퇴직하고 난 후에도 지팡이를 짚고 부자연스럽게 해주는 어머니의 손맛이 무엇보다 좋다.

  집에 있는 날이면 수시로 내 방문을 열고 리듬을 깬다. "뭐 먹을래?", "이거 먹을래?" 계속 먹으라고 한다. 물고기를 살려내듯 어머니는 식초 한 방울 떨어뜨린 물에서 나를 놓아두고 지켜본다. 잘 노는지, 잘 먹는지, 금붕어를 지켜보듯 애물단지를 지켜본다.
  어머니는 할 일이 많다. 그래서 못 돌아가신다. 아주 오래오래 함께 살아야 한다. 어머니의 식초 한 방울이 없으면 내가 못 산다는 걸 잘 알기 때문이다.
  금붕어를 바라보며 두 시간 이야기하던 그 모습이 떠오른다.
  "너는 내가 살렸다. 고맙지?"

여기 비타민 있다

전 직장에서 가져온 짐을 베란다에 두고 8년이 지났다. 어머니께서는 늘 애타셨다.
"무시라. 언제 할라꼬?"
그럴 때마다
'회장 마치면요' 했었다.

임기를 마치고 두 달이 지나고 있는데 아직 손도 못 대고 있었다. 일정을 마치고 들어온 밤늦은 시간이었다. 베란다에 있는 짐을 열기 시작했다. 지난 35년의 추억과 사랑이 고스란히 녹아 있는 것들. 지금은 그다지 필요하지 않은 것들이다.

하나 하나를 꺼내 들고 음미하고, 대화를 나누다 보니 어느새 새벽이 밝아온다. 닭이 운다. 남편은 알지도 못한 채 '이렇게 일찍 일어나서 뭐하는 거냐'고 묻는다. 밤을 꼬박 새운 줄도 모르고. 그렇게 정리는 하루를 넘기고, 스물여섯 시간 반 만에 마쳤다.

어머니께서 한참 앉아 계시더니, 무언가 내미신다.

"비타민이다. 이거라도 먹고 해라. 일 안 하던 사람이 그렇게 하면 병 난다" 하면서 애를 태운다. 어머니가 주신 비타민을 먹고 스물여섯 시간을 버텼다.

행복하다, 어머니와 함께라서. 어머니 자체가 내게는 비타민이다.

콜라비 여기 있다

제주도에서 콜라비를 보내주셨다. 집 주소를 묻기에 마음만으로도 감사하다고 사양했는데 어찌 알고 택배가 왔다. 무거운 한 박스를 들여놓고 바로 작업을 하고 있었다. 크고 튼실해서 그냥 깎기에도 힘들게 생겼다. 콜라비를 좋아하지만 작업이 우선이라 방에 들어갔다. 한참을 있는데 방문이 열린다.

"여기 이거 먹어라."

콜라비를 먹기 좋게 썰어 한 접시 담아왔다. 말하지 않아도 어쩜 이렇게 다 아실까? 놀랍다. 어머니의 배려와 깊은 사랑에 잠시 눈을 감았다.

덤으로 받은 축복이 너무도 크다. 그동안 직장생활 42년을 지켜주신 어머니가 아직도 며느리를 키우고 있다.

어머니가 안 계시면 아무것도 못 한다. 그러니 어머니는 오래오래 나를 키워주시며 함께 살아야 한다. 천생연분이다. 어머니와 나는. 어머니는 속이 터질 거고, 나는 마냥 좋기만하다.

나는 애물단지다!

만원 가지고 간다

어제 어머니와 점심을 같이 먹었다. 식사 후 커피를 마시면서 '고구마 있느냐'고 물었다. '다 먹었다'고 하신다.

하루가 지났다. 오전이 훌쩍 가고 점심을 먹으러 거실로 나왔다. 모자에, 코트에 마스크를 쓰고 중무장한 어머니가 계셨다.

깜짝 놀라 물었다.

"어디 가시려고요?"

오른손에는 핸디캐리어가 있었다.

"고구마 사러 간다. 만원 가지고 간다."

어제 고구마를 찾았더니 마음에 걸렸나 보다. 어머니를 간호해야 하는데 내가 어머니의 보살핌을 받고 있다. 걸어가다 넘어지기라도 하면 어쩌시려고 그럴까? 조심조심 뒤를 따라가 볼까도 생각했다. 잘 다녀오셔야 할 텐데.

어머니는 끝없는 도전을 하신다. 탐험가 잔 다르크, 삶의 지혜를 몸소 터득하고 실천하는 실천가다.

어머니는 당당하시다. 어디에 가셔도 당당하고 강하시다. 자신감이 넘친다. 인생은 이렇게 살아야 한다고 보여주는 살아있는 전설이다. 나는 그 전설을 가까이에서 볼 수 있으니 얼마나 큰 축복인가?

어머니처럼 나이들고 싶다.
어머니처럼 강해지고 싶다.
자신을 사랑하고 관리하는 그 모습을 닮고 싶다.

삼만 오천 원 여기 있다

"여기 수도꼭지 좀 봐라, 물이 샌다."

어머니께서 다급하게 말씀하신다.

노후해서인지 정말 물이 밖으로 새고 있었다. 어머니 얼굴은 걱정이 태산이다. 마침 남편이 쉬는 날이라 물품을 사 와서 깨끗하게 교체했다.

한참 있다가 어머니가 물어보신다.

"얼마 들었냐?"

남편이 대답했다. "삼만 오천 원 들었어요. 잘해 놨으니 걱정하지 말고 사용하세요."

잠시 후 어머니가 방에 들어갔다 나오셨다.

'내가 잘못 들었나?' 식탁에 앉아 귀를 의심했다.

어머니와 남편의 대화다.

"여기 돈 있다."

"무슨 돈이요?"

"수도꼭지값이다."

어머니는 수도꼭지값을 남편에게 주었다. 깜짝 놀랐다. 우리 어머니는 이 집 주인이기에, 살림살이에 들어간 돈은 당연히 어머니 몫이라고 생각하신다. 하지만 이 정도까지 생각하고 있을 줄 몰랐다. 어머니는 집안의 모든 것을 다 신경 쓰고 직접 해야 직성이 풀린다.

우리 집 주인은 어머니고, 남편과 나는 덤으로 살고 있다.

'오, 어찌 이런 어머니를 주셨나이까?'

"삼만 오천 원 여기 있다" 하는 나의 흰머리 소녀를!

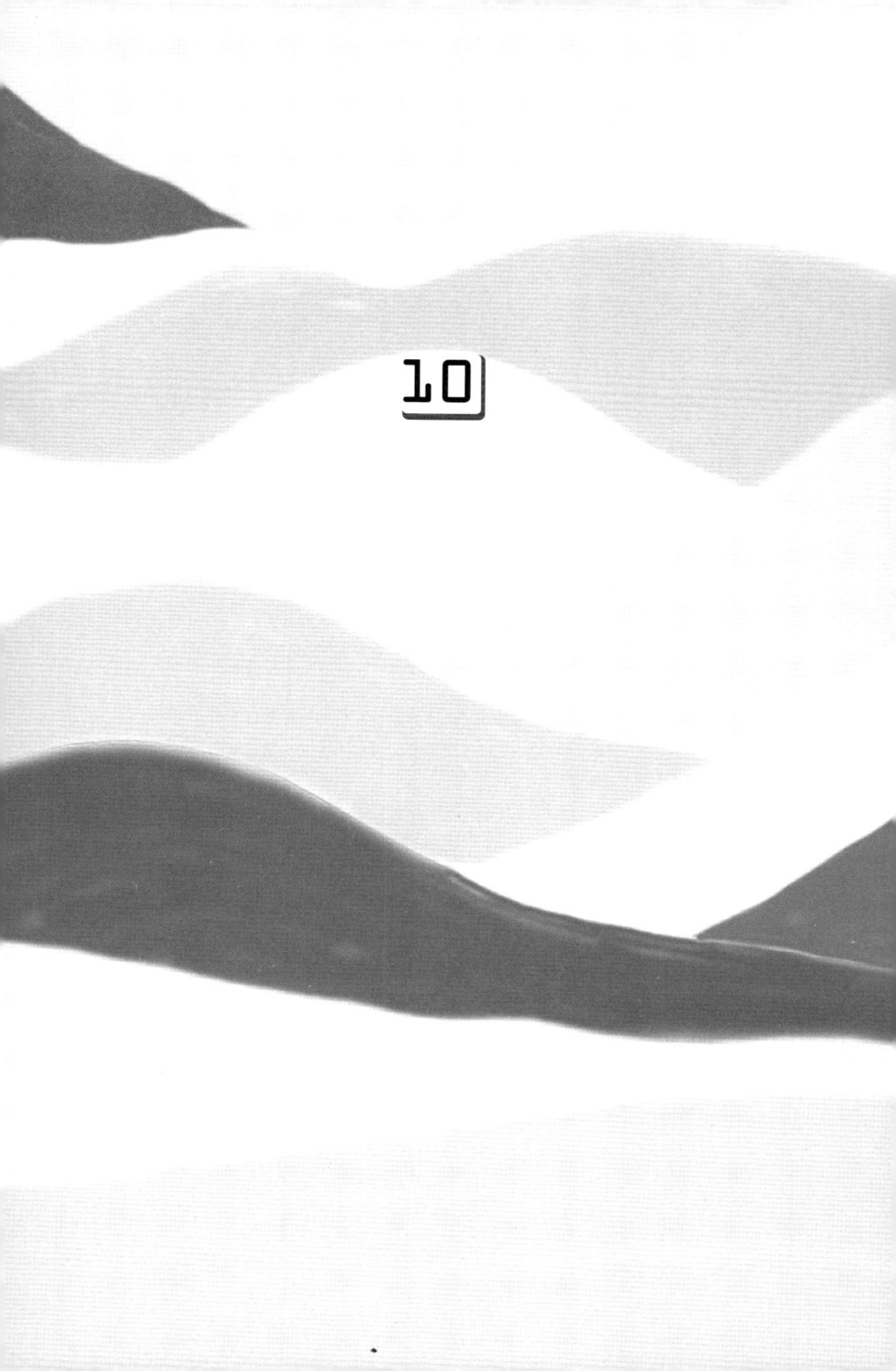

어머니와 차 한잔을

'김혜자와 차 한잔을.'

운전 중 차 안에서 들었던 편안한 멘트가 생각난다. 그 분위기와 다정한 음색이 떠오르며 오감을 행복하게 한다.

피곤해서인지 컨디션이 좋지 않아 잠을 좀 잤다. 평소 일찍 일어나서 바삐 움직이는 모습을 보다가 오늘은 무언가 다른 느낌을 받았는지 어머니께서 문을 열고 말씀하신다.

"아프면 미리 약을 먹어야지. 조금 아플 때 그냥 두면 안 된다. 유자차 타 줄까?" 하면서 문을 닫았다.

두어 시간을 푹 자고 나니 몸이 좀 좋아졌다. 거실에 나오니 어머니가 계셨다. 어머니를 바라보며 생각했다. 지금 내가 할 수 있는 가장 좋고 의미 있는 일은 무얼까?

일정표에 리스트가 쭉 적혀 있었지만 모든 걸 제쳐두고 지금, 이 순간을 느끼고 싶었다. 청소였다. 화장을 마치고 어머니 방을 시작으로 집안을 청소하고 나니 두 시간이 걸렸다.

어느새 점심시간이 지났다. 청소가 거의 끝날 즈음 어머니께서 말씀하신다.

"점심 먹을래?" 눈으로 '좋다'는 사인을 보내고 서둘러 청소를 마무리했다. 식탁에 앉아 어머니께서 차려주신 점심을 맛있게 먹었다. 흰머리 소녀표 밥상이다. 북엇국, 배추전, 두부조림, 달걀부침, 북어포 무침, 김 무침, 콩나물무침, 배추김치, 갓김치 볶음, 청양고추, 쌈 된장, 상추쌈.

소박하지만 정성 가득한 사랑이 담겨 있었다. 평소에도 상추쌈을 좋아하니 준비해 놓으셨다.

퇴직했어도 함께 밥을 먹으며 눈을 맞출 시간이 많지 않다. 뭔가 잘못하고 있다는 생각이 들었다. 살짝 고개를 드니 사슴같은 눈빛으로 나를 바라보는 눈빛을 느꼈다.

텅 빈 집안을 가득 채우고 있는 어머니의 온기와 사랑. 그리고 지팡이 소리의 화음. 우리 집은 어머니가 전부다.

식사 후 커피를 들고 소파에 앉은 모습을 바라보았다. 연로하셔도 품위가 있다. 지팡이를 의지해도 자신감이 느껴진다.

찻잔을 두 손으로 감싸 쥐고 바라보고 있는 어머니 곁으로 가서 앉았다. 핸드 드립 커피를 내리지 않고 어머니가 드시는 커피믹스를 탔다. 같은 맛을 느끼고 싶었다.

TV를 변환시켜 스타벅스 카페 음악을 틀었다. 오후의 햇살이 거실 넓은 창을 넘어 집안으로 훌쩍 들어와 있다. 조금 전 어머니가 정성스럽게 물을 주던 포인세티아가 정답게 웃고 있다. 음악이 좋은가 보다. 입꼬리가 올라가 있는 모습으로 미소 짓고 있다.

사람은 누구나 다시 본향으로 돌아간다. 이 세상에서 사명을 다하면 가는 것이다. 살아 있다는 것은 아직 해야 할 사명이 남아 있다는 것이다.

어머니와 나란히 앉아 차를 마시면서 인생을 배운다. 이렇게 살아야 한다고 말하지 않지만 직접 삶으로 보여주시는 어머니가 계셔서 정말 고맙고 행복하다. 책에서 읽을 수 없는 지혜와 진리를 보여주시는, 살아있는 전설이다. 그래서 나는 다시 태어나도 어머니 며느리로 태어날 거라고 늘 말한다.

이 여인과 함께할 수 있는 시간이 얼마나 남았을까? 그 시간의 길고 짧음이 내겐 중요하지 않다. 이미 지나온 시간이 충분하고 감사하다. 지금 누리는 이 호사는 덤으로 주신 선물이다.

어머니 눈을 똑바로 바라보면 눈물이 날 거 같아 고개를 옆으로 돌렸다. 감미로운 음악은 흐르고 커피 향은 가슴 가득하다.

어머니의 머리를 만져본다. 파마 한 흰머리를 쓰다듬으니, 손 안으로 앙상한 머리뼈가 만져진다. '갑자기 오늘이 며칠이냐'고 물으면서 이야기한다.

"설이 곧 다가오는데 올해를 넘기려나 보다. 새해 설은 못 맞을 줄 알았는데…."

큰일 날 소릴한다. 올 설날도, 내년 설날도, 그리고 오랫동안 이렇게 어머니와 차 한잔하며 인생의 교훈을 독대로 개인교습 받는 이 시간을 빼앗기고 싶지 않다.

어머니와 차 한잔을 하면서 한없이 흘러가는 시간이 아깝지 않다. 일정에 있는, 할 일은 뒤로하고 오늘은 어머니 곁에 앉아서 오롯한 행복을 느껴본다.

어머니와 차 한잔을 하면서.

왜 방으로 들어가세요?

"왜 방으로 들어가세요?"

아무런 대답 없이 굳은 얼굴로 밥그릇을 들고 어머니 방으로 들어가신다. '무슨 일일까?'

어제 오전 이맘때다. 국을 데우려고 가스레인지에 불을 켰다. 불을 켜고 핸드폰을 보니 급한 내용이 와있다. 모 그룹 강점 워크숍 관련 요청이었다. '시일이 급박한데 할 수 있겠느냐'고 물었다. 다급한 일이라 관련 코치님과 의논하기 위해 통화하며 방으로 들어갔다.

교육 내용, 과정 등을 논의하며 일단 진행하기로 하고 대화의 정점에 이를 즈음. 어머니의 날카로운 목소리가 들리며 방문이 열렸다. 순간 검은 연기와 매캐한 냄새가 방으로 들어온다. 전화를 끊을 수도 없는 상황이었다. 거실에서는 어머니의 목소리가 점점 커지고 집안은 연기로 가득 차고 그 속에서 통화를 다 마치고 나왔다. 국 냄비는 검정 숯등걸이 되었고 가스레인지 부근에는 연기가 자욱했다.

아뿔싸! 가스레인지 불 켠 것을 깜빡 잊고 전화 통화하러 방으로 들어갔고 물 마시러 나왔던 어머니께서 그 광경을 목도하고 가스 불을 껐다. 가까스로 화재를 막았다.

집안에서 일어나는 가스레인지 화재가 어떤 것인지 처음 두 눈으로 확인했다. 창문을 열고 환기되도록 해 놓고는 서둘러 나왔다. 바삐 움직여야 약속 장소에 나갈 수 있는 시간이기 때문이다. 오늘 일정에는 가슴 벅찬 일도 있고, 보람찬 일도 있었다. 일정을 다 마치고 자정쯤 집에 들어왔고 어머니는 침대에 누워 계셨다.

아침 식탁에 앉았다. 생각해 보니 어제 저녁도 안 먹었는데 밥을 안 먹은 것도 모르게 연속해서 일이 진행되었다. 어머니가 나오시더니 식탁에 앉지 않고 밥을 챙겨 방으로 들어가신다. '왜 그러시냐'고 물으니 아무말없이 방으로 들어가 침대에 앉아 식사하신다. 아마도 어제 가스레인지 사건으로 온통 연기 자욱

한 상황에서 바로 뛰어나오지 않아 마음이 상하셨나 보다.

거실 TV로 마음이 편해지는 음악을 틀고 글을 쓴다. 화면 가득 흐르는 강물이 나온다. 물을 바라보니 마음이 편안해지고 여유롭다. 밥그릇을 들고 방으로 들어간 어머니의 마음을 어떻게 풀어드려야 할까?

오늘은 물이 되어야 한다.

나는 애물단지다.

나 없어도 잘해줘라

"나 없어도 잘해줘라, 내가 오래 못 살 거 같다."

식탁에 마주 앉아 어머니와 점심을 먹다 거의 끝날 무렵 나를 바라보시더니 '나 없어도 잘해주라'고 하신다. '무슨 말이냐'고 어머니께 물었다.

남편이 요즘 임플란트 시술을 시작했다. 병원 가기를 워낙 싫어해서 치과 치료도 미루고 미루다 결국은 많은 돈과 긴 시간을 들여야 했다. 누구를 탓할 수도 없는 상황이다. 치료 시작한 지 2주가 지났다.

남편은 퇴근 후 항상 집에서 맥주를 먹는다. 맥주 안주는 어머니께서 만들어 주신다. 사랑과 정성으로 안주를 만들어 주는 것이 어머니는 기쁨이다. 그 모습을 지켜보면 미소가 절로 나온다. 그렇게 즐겁고 기뻐할 수 없다. 뭐 대단한 것을 하는 게 아니고 그날그날 어머니 기분에 따라 안주가 나온다.

어머니표 안주는 삶은 계란, 달걀부침, 찐만두, 군만두, 쥐포, 김치전 등 어머니표 안주를 보며 늘 미소를 짓는다. 그 안주를 다 먹을 때까지 앉아서 지켜보신다. 안주가 빨리 떨어지기라도 하면 얼른 일어나서 더 채운다. 남편이 맥주를 다 마시고 나면 그때야 방으로 들어가신다. 한결같은 남편과 한결같은 어머니의 모습, 감동이다.

치과 치료를 시작하고는 저녁에 맥주를 못 먹는다. 그러니 술안주도 안 만든다. 간단한 간식으로 대신한다. 어머니는 그게 마음이 아픈가 보다.

"매일 먹다가 요즘은 맥주도 못 먹고 안주도 안 먹고, 빵이나 간식만 먹으니 무슨 힘을 쓰겠니? 그러니 나 없어도 잘 해줘라."

시장 가는 엄마가 큰아이한테 동생들 잘 보고 있으라고 하던 것처럼 말씀하신다. 나는 아무 말도 하지 않고 듣고 있었다. 어머니는 심각한 표정이다. 엄마의 마음이겠지. 철부지 애물단지 며느리를 보니 아들 간식은커녕 식사도 제대로 못 챙길 것 같은가 보다. 그래서 우리 어머니는 못 돌아가신다. 아들 걱정도 되고 집안 걱정도 되고, 어항의 물고기도 걱정이 돼서.

오늘은 종일 교육이 있었다. 교육 후 모임 하나 하고 들어오니 밤이 깊었다. 어머니 방문을 열어보니 주무신다. 주무시는 모습을 보니 또 생각난다.
"나 없어도 잘해줘라."
남편은 자고 있다.
"어머니 없을 때 잘해주라고 했으니, 지금은 잘하지 못해도 되는 건가요?"
혼자 웃으며 어머니 방을 나왔다.

밥 안 차려주고 나가냐

"밥 안 차려주고 나가냐?"

다녀오겠다고 인사를 하니 소파에 앉아 있던 어머니께서 말씀하신다. 저녁 일정이 있어서 오전에는 집에서 일하며 보냈다. 도서관에 왔다 갔다 하는 시간이 아까워서다.

집에서 어머니를 살펴보니 식사 후 침대에 누워 한숨을 자고 거실로 나온다. 백화점 마네킹이 천천히 자기 자리를 빙빙 돌듯이 거실에 나오면 고개를 들고 천천히 한 바퀴를 돈다.

그리곤 베란다로 나가서 창문 너머 먼 산을 바라보며 한참을 서 있다. 이내 베란다 의자에 앉아서 고개를 들고 뭐라고 중얼중얼하신다. 저 멀리 보이는 교회 십자가를 바라보며 기도하는 거다. 기도를 마치면 빨래건조대가 있는 쪽으로 가서 하나하나 만져보며 무어라 계속 이야기를 한다.

눈에 보이는 모든 것이 대화 상대이고 대화의 소재다. 그렇게 한 바퀴를 돌고 나면 소파에 앉아서 TV를 켠다. 머리 뒤로 쿠션을 대고 깊숙하게 앉아서 무음으로 TV 속의 움직임을 본다.

신기한 거는 소리가 안 들리는데도 대화하는 거다. 끊임없이 이야기를 주고받는다.

32년 동안 함께 살면서 처음 듣는 말이다.
"밥을 안 차려주고 나가냐?"
어머니께서 잘못한 말일까? 아니면 어머니 마음속에 있는 진심을 이제야 내놓은 것일까? 약속 시간이 다 되어 서둘러 나왔다. 어머니 말씀이 귓가에 계속 들린다.
밤에 들어가서 다시 물어봐야겠다. 밥 차려 주기를 정말 원하는지. 정말이면 어떻게 하나? 요리학원에 등록해야 하나?
나는 애물단지다.

며느리니까 할 수 있다

"언니, 엄마와 하루 종일 있으면 내가 너무 피폐해져. 우리 엄마가 이런 사람이었나 싶어서 너무 힘들고 슬퍼."

치매 진단을 받은 어머니를 간호해 주던 시누이가 하던 말이다. 그때 나는 말했다. '신경 쓰지 말고 어머니가 하시는 대로 그냥 두라'고 했다. '그러려니 하라'고 했다. 결국 시누이는 '더 이상 엄마를 못 돌보겠다'고 갔다.

요즘은 어머니와 둘이 있는 시간이 많다. 예전에 시누이가 했던 말이 생각날 때가 많다. '아! 이래서 이럴 때 그런 마음이었겠구나!' 고개가 끄덕여지고 공감이 간다. 이제 와서 공감하니 '그 당시 시누이는 얼마나 힘들었을까? 누구에게 말도 못 하고 혼자 끙끙 앓았겠다' 싶다.

요즘 어머니는 예전에 하지 않던 말씀을 한다.

"돈을 얼마나 버느냐?"

"어디 가려고 또 나가느냐?"

"밥 안 차려 주고 가느냐?"

"컴퓨터를 왜 안 하느냐?"
"나이가 몇 살이냐?"
그리고 하는 행동도 많이 달라졌다. 묻는 말에 대답하려면 거의 다 부정적인 답을 해야 한다. 예전의 모습과 너무 다른 모습을 보면서 놀라기도 한다.

오늘도 너무 이상한 말씀을 하신다. 일일이 대답할 수 없어서 어머니를 보며 '다녀오겠다'고 말씀드리고 나왔다. 엘리베이터를 기다리며 드는 생각은 '며느리니까 할 수 있다'였다. 딸이라면 못하겠다고 가면 되지만 끝까지 모시고 함께 살 사람은 며느리니까. 내가 며느리니까 할 수 있는 거다. 그 어떤 것도.

어머니의 모습이 무얼 의미하는지 알기에 아무말없이 그냥 바라본다. 아, 흰머리 소녀! 어머니가 이 세상 소풍 마치는 그날까지 함께 소풍 놀이를 할 사람이 과연 누굴까? 바로 나다! 그래서 고맙고, 다행이다. 나는 애물단지고 며느리이기에 할 수 있다. 시누이들이 못하는 그 무엇도 나는 한다.

어머니 커피 한 잔만 타주세요

"어머니 커피 한 잔만 타주세요."
방에서 나오신 어머니께 말했다.
"뭐 커피?" 하면서 바삐 커피믹스를 가지러 간다.
"나는 설탕을 넣는데 너도 넣을까?"
"아니요, 그냥이요."
"달지도 않게 무슨 맛으로 먹냐?"
어느새 커피가 앞에 와있다. 어머나 내가 좋아하는 잔에 진한 커피 향이다. 어머니의 센스에 일단 감동 한 방 먹었다. 우리 어머니를 소개할 때 나는 요술램프라고 한다. 뭐든 말만 하면 다 나오기 때문이다.

오늘은 모처럼 집에서 보내는 중이다. 오랜만에 신혼살림 하듯 어머니와 함께 알콩달콩한 시간이다. 식탁에 앉아서 책을 읽고 공부하며 입으로만 계속 말을 한다. 요거 해주세요, 저거 해주세요. 라면이 먹고 싶어서 점심에는 어머니가 끓여준 라면에 밥을 먹었다. 집에 있으니 참 좋은 일도 많다.

누군가 벨을 눌러 문을 열어보니 옆집 어르신이다. 연로하지만 건강하셔서 혼자 살고 있는데 늘 힘 있고 에너지가 넘쳐 보인다.

"내가 묵을 좀 쑤었는데 어머니 드시라고 드리세요."

도시락에 한가득 먹음직스러운 묵을 주셨다. 어머니께서 양념장을 꺼내더니 먹자고 한다. 어머니 속도에 맞춰 맛있게 먹었다. 묵 한 모를 다 먹고 어머니께 도시락을 들어 보이며 말했다.

"이 도시락에 무엇을 담아서 드릴 건가요?"

어머니는 미리 생각이라도 하셨던 것처럼 바로 말한다.

"고구마 구워서 한 개 넣어 주지 뭐."

나는 귀를 의심했는데 다시 확인해 준다.

"고구마가 크니까 두 개를 구워서 하나만 넣어줘도 된다."

침대에 잠시 누워있던 어머니가 나와서 바삐 움직인다. 고구마를 씻어서 굽는다. 중간중간 뒤집어 놓으며 굽는 모습에서 어머니의 정성이 느껴졌다. 고구마 하나를 전해주려고 정성을 다하는 모습을 바라보며 따뜻한 마음을 남기고 싶어 글을 쓴다. 보라색 티를 입었고 군청색 바지의 맨발이다. 머리는 하얗게 염색되어서 은빛이다. 흰머리 소녀다.

누가 말했던가? 요즘 세상이 각박하고 특히 아파트에서는 이웃도 모르고 살아간다고. 수줍게 건네주던 묵 한 도시락. 그 도시락에 담으려고 애를 쓰며 굽는 고구마. 뚜껑을 여니 집안에 고구마 향기가 퍼진다.
여기는 어느 별일까?

며느리 위문 공연하는 시어머니

"어머니, 형님과 언제 통화하셨나요?"
"아프다고 하더라."
어머니 말씀을 듣고 형님께 전화했더니 아주 아팠다고 한다. 하나 있는 동서가 형님 아픈 것도 모르고 어머니를 통해 소식을 알게 되니 손들고 벌이라도 받아야 할 판이다.
"형님, 점심 같이 해요. 어머니 모시고 갈게요."
거의 일방적으로 약속을 했다. 미안한 마음에 달려가고 싶은 마음이었다. 약속하고 어머니께 말씀드렸다. 형님과 점심을 하기로 했는데 이쁜 옷 입으라고 했다. 어머니는 한참 누워 계시더니 장롱문을 연다. 짙은 군청색 한 벌에 보랏빛 셔츠를 입고 나오셨다.
"이거 어떠냐?"
너무 잘 어울렸다.
"어머니 잘 어울려요. 굿이에요!"
나는 엄지손가락을 치켜세웠다. 서둘러 준비하는데 어머니께서 이번에는 다른 색 바지를 입고 나왔다.

"이거는 어떠냐?"

그것도 잘 어울렸다.

"어머니, 그 색도 잘 어울려요."

역시 양쪽 엄지손가락을 치켜들었다. 잠시 후 멋진 모자를 쓰고 잘 두었던 가방도 들고, 분위기 있는 흰머리 소녀와 함께 출발했다.

메뉴는 어머니가 좋아하는 샤브샤브다. 며느리 둘과 시어머니의 환상 조합이다. 우리는 가끔 환상의 조합으로 사랑을 나눈다. 흰머리 소녀를 위해 완전히 망가지는 시간이다. 며느리 재롱 시간이다. 어머니는 치아가 없어서 잘 씹지 못한다. 형님과 나는 부드럽고 드실 수 있는 것을 골라서 잘게 썰어 특별하게 만들어드렸다. 수줍은 듯하면서도 몇 번 잘 받아 드셨다.

셋이 사진을 찍어 가족 방에 올렸다. 사진 제목은 '며느리 위문 공연 중인 시어머니'였다. 오월 가정의 달 마무리는 세 여인이 세 시간 넘게 오찬을 하며 달콤한 아이스크림으로 마무리했다. 원숙한 여인 같은 신록의 계절 유월이다. 저녁에 줌 수업이 있어 서둘러 집으로 왔다.

'소화가 안 된다'면서 흰머리 소녀가 평소와 다른 모습을 보인다. '왜 그러느냐'고 물으니 '세 여인이 먹었던 샤브샤브가 소화가 안 된다'고 한다. '약을 먹고 한의원에 다녀오셨다'고 한다. 다시 사진을 찍어야겠다. 사진 제목은 '시어머니 위문 공연하는 며느리.'

사 온 죽은 안 먹는다

직장생활 42년 동안 집안일과 아이들 돌봄까지 맡았던 어머니는 내가 퇴직 후에는 집에 있는 시간이 많을 것으로 생각했나 보다. '퇴직했는데 근무할 때보다 더 늦게 오느냐'고 가끔 묻기도 한다. 다섯 개의 가방을 들고 나가면 '무슨 가방을 그렇게 많이 들고 가느냐'고 한다. 그러면서도 차에까지 일부 가방을 들어다 주시곤 한다.

다섯 개의 가방을 들고 나가는 사람이 있을까? 내가 생각해도 너무 웃겨서 엘리베이터 거울을 보면서 혼자 박장대소한다. 노트북 가방, 책과 과제할 것 담은 가방, 기본 가방, 운동복과 운동화 담은 가방, 텀블러와 과일 담은 가방, 방문 간호 가방, 거기에 드라이를 맡길 게 있거나, 다른 일이 있을 때는 추가한다. 누가 보면 이사 가는 줄 알겠다. 날마다 그렇게 가방을 가지고 나간다. 상황에 따라 적절하게 사용하려는 마음에서다. 그러니 하루가 어떻게 가는 줄 모를 정도다. 때론 밥 먹을 시간도 없이 무언가를 한다.

"너는 사는 게 그렇게 재미있니?"

며칠 전 어머니께서 물으셨다. 앞에서는 웃기만 하고 엘리베이터를 타면서 큰소리로 거울을 보고 말한다.

"네. 저는 사는 게 너무 좋고 재미있어요, 어머니."

그러고는 또 한바탕 웃는다. 아래층에서 누가 엘리베이터를 타기라도 하면 입을 살짝 다물고 웃는 눈을 감추지 못한다. 무슨 짐이냐고 물을까 봐 조마조마하다. 내가 봐도 이해하기 힘든 모습이지만 팔이 아프게 가방을 들고 나가도 즐겁다.

어제는 지방에 갔다 밤늦게 들어오니 어머니가 주무셔서 얼굴도 못 보고 잤다. 아침 일찍 운동을 다녀오니 무언가를 하고 있었다. 흰죽을 쑤고 있었다. 소화가 안 되어 '쌀죽을 쑨다'고 하시면서 '죽을 쑤어 줄 사람도 없으니 내가 해야지' 하신다.

이미 죽이 다 완성되어 있었다. 뚜껑을 열어보니 내가 좋아하는 흰죽이다.

"어머니, 흰죽이네요? 맛있겠네요, 어서 드세요. 녹두죽이랑 호박죽은 사 올게요."

그 말을 듣던 어머니께서 말씀하신다.

"사 온 죽은 안 먹는다."

"에이, 그러면 어떻게 해요. 나는 죽을 못 쑤니 사와야 하는데요? 그럼, 어머니가 죽은 계속 쑤어야겠네요."

그러면서 흰죽을 한 그릇 떠서 어머니와 마주 앉았다. 소화는 어머니가 안 되는데 죽은 며느리가 더 많이 먹었다. 한 그릇을 금방 비웠다. 바로 전 밥을 먹었는데도 말이다. 한 그릇 다 비운 나를 바라보신다. 나는 다시 '죽이 맛있다'고 엄지손가락을 치켜세웠다. 하도 어이가 없는지 물김치에 죽을 드시면서 나를 바라보고 계셨다.

어머니 밥 달래요

　아침 코칭이 예정보다 늦게 끝나서 서둘러야 한다. 조급한 마음으로 화장하는데 현관문 번호를 누르는 소리가 나더니 문이 열리고 형님이 들어오셨다.
　"앗, 형님 오셨어요?"
　"동서, 집에 있었네?"
　"네, 지금 나가려고요. 늦어서 서두르는 중이에요. 혼자 오셨어요?"
　"좀 있다 둘째가 오기로 했어."
　형님과 둘째 시누이가 어머니 뵈려고 같이 오기로 했나 보다. 순간 너무 반갑고 고마웠다. 대화를 나누는 중 현관문이 열리더니 둘째 시누이가 들어왔다. 시간이 없어서 밥을 못 먹고 갈 것으로 생각했는데 형님과 시누이가 왔으니 빨리 준비하면 밥을 먹고 갈 수 있겠다는 생각이 들었다.
　"형님, 밥 먹고 가게 밥 좀 주세요. 화장하는 동안 얼른 차려 주세요" 했더니 형님이 어머니께 다가가서 귀에 가까이 대고

"은혜 엄마가 빨리 밥 달래요" 한다.

형님과 어머니가 밥을 차리고, 시누이는 식탁에 앉아 있었다. "어머니 상추도 주세요" 했더니 형님이 어머니 귀 가까이에 대고 "상추도 달래요"라고 말한다.

어머니는 한쪽 귀가 안 들린다. 귀 가까이 대고 말해야 한다. 시어머니와 큰 며느리가 함께 주거니 받거니 밥을 차리는 동안 화장을 마치고 식탁으로 달려갔다. 평소처럼 충분히 먹지는 못했다. 그래도 오늘은 어머니께 엘리베이터를 눌러 달라는 말은 안 해도 되었다. 나는 형님을 바라보며 말했다. "형님, 오늘은 어머니가 엘리베이터를 안 눌러줘도 될 거 같아요. 평소에는 눌러 달라고 하거든요" 했더니 어이가 없다는 듯 나를 바라보았다. 나는 찡긋 한쪽 눈을 감으며 형님을 향해 웃었다.

"점심은 어떻게 하실 건가요? 시켜 드실 건가요? 어머니 모시고 나가서 드실 건가요?"
"우리가 알아서 할게."
"네, 그럼 재미있게 놀다 가세요."
인사를 하고 단거리 달리기 선수처럼 뛰어나왔다.

일정을 마치고 집에 들어가니 자정이 다 되었다. 침대에서 주무시는 어머니를 깨워서 물었다. 오늘 재미있게 놀았는지, 언제 갔는지를, 살포시 뜬 눈으로 대답하는 모습이 귀찮지는 않은 느낌이다. 후유, 늦게 들어왔지만 다행이다. 어머니 모습을 보니 하루가 눈에 그려진다. 오늘은 큰며느리와 딸과 하루를 보냈으니, 힐링도 되고 즐거우셨을 것이다. 둘째 며느리 없이도 좋은 시간을 보내셨을 것이다.

형님과 시누이가 집에 자주 왔으면 좋겠다. 어머니도 고맙고 형님도 고맙고 시누이도 고맙다.

나는 아무리 생각해도 애물단지다.

두툼한 달걀부침

이른 아침 코칭이 있었다. 그런데 고객에게 변수가 생겨 일정 조정을 해야 했다. 금쪽같은 아침 한 시간이 선물로 주어진 것이다. '이 시간을 어떻게 누릴까' 생각하다 거실에서 신문을 읽었다. 가슴 따뜻한 단어와 문구가 유난히 많았다. 포스트잇에 옮겨 적으며 설레는 가슴을 보듬었다. 가고 싶은 행사도 많고 좋은 나눔도 많았다. 아침 식사 시간이 지났지만, 자리를 뜰 수 없었다.

"배 안 고프니? 밥 먹어라."

어머니께서 한참 바라보시더니 한 말씀하셨다.

"다 됐다, 얼른 먹어라."

재촉하는 소리에 벌떡 일어나 식탁에 앉았다. 평소 좋아하는 상추쌈을 중심으로 어머니표 한상차림이 색깔도 조화롭게 차려져 있다.

한 가지 이상한 느낌이 들었다. 달걀부침이 평소보다 도톰하고 크게 보였다. 살짝 뒤집어 보니 분명 계란 두 개를 섞어서 만든 작품이다. 순간 얼굴에 미소를 띠며 뒤를 바라봤다. 소파에 앉아서 밥 먹는 나를 바라보는 어머니와 눈이 마주쳤다.

 아이들을 키울 때가 떠올랐다. 밥 한 숟가락 더 먹이려고 한 입만, 한 입만, 하던 때. 뭐라도 하나 더 먹게 하려고 애쓰던 엄마의 모습. 지금 어머니는 며느리에게 한 숟가락 더 먹이고 싶어 계란 두 개를 하나로 만들어 살짝 올려놓은 것이다.

 차려진 반찬과 밥을 깨끗하게 다 먹었다. 조금 과하다 싶지만 그렇게 해야 할 것 같았다. 어머니의 정성과 사랑에 보답하는 방법은 잘 먹는 것이라고 생각한다. 구순이 훌쩍 넘은 시어머니가 육십 중반을 향해 가는 며느리에게 베푸는 사랑을 온몸과 마음으로 받고 있다.

 이 느낌이 사라지기 전 마음을 남기고 싶어 식탁에서 노트북을 켰다. 어머니는 당신의 이야기를 쓰는 줄도 모르고, 식탁 주변을 서성이며 바라본다. 잠시 글 쓰던 손을 멈추고 어머니를 바라보니 참 많이 야위었다. 골격은 그대로인데 살이 없으니 이 모습으로 병원에 있으면 영락없는 환자다. 나는 어머니께 다가가서 꼭 안아주었다.

"어머니 고마워요. 사랑해요. 우리 오래오래 이렇게 같이 살아요."

어머니는 고개를 끄덕이고 그런 어머니를 바라보는 나의 눈에는 눈물이 고였다.

"하나님, 부디 이 여인을 제 곁에 오래 머물게 해 주세요."

대상포진 치료법

"에미야, 여기 좀 봐라. 이게 뭐냐? 가렵다."

화장하고 있는데 어머니께서 등을 보여주신다. 대상포진 증상이었다. 곧바로 병원 진료 후 대상포진 진단을 받고 약을 탔다. 집에 돌아온 어머니께서 물으신다. '왜 이런 병이 생겼는지 궁금하다'고 하신다. '죽을 때가 다 된 것 같다'고 하면서 불안해하는 눈치다. 식탁에 앉아서 먼 산을 바라보는 모습을 보니 신경이 많이 쓰이는 모양이다. 순간 어떻게 하면 어머니를 편안하게 해 드릴 수 있을까 생각했다. 잠시 기도를 했다.

"저에게 지혜를 주세요."

어머니 앞에 앉았다. 그리고 천천히 말씀드렸다. '지금 아픈 것은 병이 아니고, 고칠 수 있는 증상인데 어렵지 않다'고 했다. '몇 가지를 하면 낫는다'고 했다. 첫째는 이것저것 골고루 잘 먹어야 하고, 둘째는 기분이 항상 좋아서 컨디션이 최고로 유지되어야 한다. 셋째는 잠을 충분히 자야 한다. 이 세 가지만 신경 쓰면 받아온 약 다 드시고 난 후 나을 거라고 했다.

외출 준비를 거의 마칠 무렵 어머니께서 말씀하신다.

"밥 먹을래?"

바로 나가야 하는데 더구나 점심 약속이 있어서 지금 먹으면 안 되는데 어머니가 묻는 의도를 알기에 먹겠다고 말했다. 잠시 후 밥 먹으라고 부르셔서 식탁으로 갔더니 어느새 건강한 밥상이 근사하게 차려 있었다. 골고루 차려진 밥상 앞에 어머니와 마주 앉았다. 요즘 어머니께서 식사를 잘 안 하고 대충 때우는 모습을 몇 번 보았다. 염려했는데 이렇게 되었으니, 식사를 잘 하시도록 해 드리는 것이 중요했다.

어머니는 반찬을 골고루 넣고 잘게 잘라서 내가 먹는 속도에 맞춰 드신다. 나는 어머니를 바라보며 어머니의 속도에 맞춰 적당한 양보다 훨씬 더 먹었다. 어머니께서 다 드셨을 때 수저를 놓고 서둘러 나올 준비를 했다.

"오늘 밥 잘 드셨으니 약 드시고 기분 좋게 푹 쉬세요."

인사를 하니 어머니 표정이 한결 밝아졌다. 일정을 마치고 집에 들어간 시간은 평소보다 조금 빨랐다. 가방을 내려놓고 어머니 방에 들어갔다. 평소 같으면 아직 잠자리에 들 시간이 아닌데 어머니는 침대에서 곤히 잠들어 있었다. 잠든 얼굴을 한참 바라보니 표정도 밝은 모습이다.

  어머니는 오늘 하루 대상포진을 치료하려고 잘 먹고, 최고의 기분으로 좋은 마음을 유지하며 일찍 잠자리에 드셨다. 흰머리 소녀의 대상포진 치료법이다.

어머니, 다녀왔습니다

집에 들어갈 때마다 한 가지씩 늘어난 무언가가 보인다. 씻어 놓은 무, 불그레한 물김치, 냉장고 여기저기에 있는 작은 뭉치들. 아마도 추석을 맞이하면서 어머니께서 하나씩 하나씩 미리 준비하는가 보다.

작년 추석 때는 코로나 영향도 있지만 백신 주사를 맞지 않은 어머니를 위해 온 가족을 공식으로 초대하지 않고 제한을 두었다. 아마도 어머니는 섭섭하셨던 눈치였다. 그래도 꾹 참고 소수의 가족만 모였었다. 며칠 전에는 어머니께서 파마하셨다.
 추석 준비 첫 번째가 파마인 것이다. 요즘 컨디션 관리를 특별히 하는 느낌이다. 침대에 많이 누워 계시고 무리하게 움직이지 않으신다. 어머니 나름의 철학이 있다.

해마다 명절이 되면 "올해가 마지막이다. 내년까지 살아 있으려나?" 하신다. 그렇게 올해 추석이 코앞에 다가왔다.

나는 살림도, 음식도 잘하지 못한다. 아니, 잘이 아니고 아무 것도 못 하는 애물단지다. 문득 '효도'라는 글감이 떠올라 메모 했다.

내가 할 수 있는 효도는 무얼까? 어머니 누워 계시는 침대 옆에서 푼수처럼 깔깔 웃으며 어머니를 웃게 하는 걸까? 자정이 다 되어 들어와서 라면 먹고 싶다고 말하는 걸까? 어머니가 담가 놓은 물김치 한 사발을 다 먹어 치우는 걸까? 이번 추석에 무엇을 하고 싶으신지 물어보는 걸까? 사랑한다고 안아드리는 걸까? 상다리 부러지도록 음식을 장만하는 걸까? 집 안을 깨끗하게 청소하는 걸까?

요 며칠은 교육 때문에 새벽에 나갔다 밤늦게 오느라 얼굴을 제대로 뵙지 못했다. 지금 내가 할 수 있는 일은 얼른 집에 들어가서 어머니께 다녀왔다고 인사하는 거다. 그리곤 내일 팔 걷어 붙이고 전을 부치는 거다.

'그만하라'고 할 만큼 준비를 해보자. 어머니 뵈러 오는 가족들이 다 모이면 32명이다. 축제를 준비하는 거다. 기쁜 마음으로. 흥얼거리며 전을 부치고 신나게 청소하고, 뭐든 만들어 주는 건 맛있게 덥석 다 먹어 치우는 거다.

흰머리 소녀가 바라는 효도는 결코 어렵거나 큰 것이 아님을 다시 깨닫는다. 일단 들어가서 사랑한다고 안아 드려야겠다. 오늘 내가 할 수 있는 효도는 지금 들어가서 인사하는 것이다.

"어머니, 다녀왔습니다."

에필로그
내가 나를 넘어설 수 있도록 지켜봐 준 당신에게

  이 책은 몇몇 분의 배려와 기적 같은 섭리로 완성되었습니다. 환하게 웃고 있는 동료 코치의 카톡 프로필 사진을 보고 '이렇게 웃을 수 있는 곳이 어디냐'고 묻고, '그곳에 나도 가게 해 달라'고 했습니다. 뒤이어 '나의 멘토님을 한번 만나보실래요?'라는 권유에 흔쾌히 수락하고 약속을 잡았습니다. 그 자리에서 처음 만나게 된 한근태 작가님을 통해 글사세(글 쓰며 매월 독서토론을 하고 다양한 특강도 진행하는 모임)를 시작했습니다.

  첫 번째 글로 어머님 이야기를 쓰게 되었고 글사세 7, 8기를 지나며 구십여 편의 어머니 글을 모았습니다.

  '어머니 글 제가 좀 도와주고 싶어요'라는 작가님의 말에 눈이 휘둥그레졌고, 그 약속을 지켜내며 오늘까지 올 수 있었습니다.

1.

"흰머리 소녀 글을 책으로 내는데 제가 도와드리고 싶어요"라면서 그 끈을 놓지 않고 오늘을 만들어 준 서은희 작가님께 감사드립니다. 조건 없는 사랑이 아니었다면 흰머리 소녀의 이야기는 제 가슴 속에서만 수줍게 고개 숙이고 있었을 겁니다. 수줍은 발걸음을 내딛게 해주셔서 고맙습니다.

2.

새벽 정해진 시간에 글자 하나하나 고쳐주며 마음을 읽고 공감해 주셨던 한근태 작가님. 지금 돌이켜 보면 너무도 큰 횡재였습니다. 그렇게 작가님의 마음을 지나 흘러온 말들이 여기까지 왔습니다. 흰머리 소녀의 이야기를 세상으로 나오게 해주신 등불 같은 빛이었습니다. 그 빛이 오늘도 흰머리 소녀를 비추고 있습니다.

3.

'할머니가 질투해' 하면서 이불을 끌고 엄마와 할머니에게 왔다 갔다 하더니, 엄마랑 자고 싶으면서도 결국은 할머니 옆에서 곤히 잠들던 아들. 할머니의 유일한 낙으로 어린 시절과 청년 시절인 지금도 할머니의 글감이 되는 동훈이. 할머니의 영원한 연인으로 남아 있을 내 아들.

덕분에 할머니가 삶의 끈을 놓지 않고 글감의 나날을 보내고 있습니다.

4.

"그래, 데려와라"의 주인공 딸. 잘 자라서 이제는 두 아이의 학부모가 된 은혜. 할머니의 존재 의미가 되었고 노래가 되었고, 한 편의 시가 되었지.

흰머리 소녀를 만나게 해준 고마운 인연은 바로 은혜 덕분이었어요.

5.
치매 진단을 받은 엄마를 위해 기꺼이 모든 것을 헌신하고 어머니 간호에 전념해 줬던 막내 시누이. 소리 없이 흘렸을 수많은 눈물방울과 지새웠을 긴긴밤. 그 사랑과 정성으로 내가 나를 넘어설 수 있었습니다. 베풂이라는 단어를 새롭게 인식하게 해 준 고마운 사람입니다.

6.
병원 직원들, 집안 행사 때마다 동행한 흰머리 소녀를 극진히 모시고 예우해 주던 후배들. 그 따뜻한 온기가 기억이 없어져 가는 어머니께 남아 있는 고마움의 흔적입니다. 그대의 섬김에서 그윽한 향기를 느낄 수 있었습니다. 지금도 간간이 이야기합니다. 님들의 사랑을 흰머리 소녀가.

7.
"대표님, 어머님 글을 모았습니다. 출간이 가능한지 의논드리고 싶은데 괜찮으실까요?" 했더니, "출판이야, 천하의 홍옥녀 코치님께서 하고 싶으시다면 무조건, 당연히 해야지요"라고 마음을 열어줬습니다. 그렇게 무작정 들이밀었던 원고. 한없는 부족함에도 든든한 버팀목처럼 원고를 바라보던 모습. 그 고마운 숨결 덕분에 흰머리 소녀의 사랑이 활자로 다시 태어날 수 있었습니다. 제가 저를 넘어설 기회를 주셔서 진심으로 감사드립니다.

바보처럼 사랑하다

초판 1쇄 발행 2025년 3월 21일

지은이　　홍옥녀
펴낸곳　　넌참예뻐
펴낸이　　황인원

출판등록번호 310-96-20852
주소　　　04165 서울 마포구 마포대로 15 현대빌딩 909호
전화　　　02-719-2946
팩스　　　02-719-2947
E-mail　　moonk0306@naver.com
홈페이지　www.moonkyung.co.kr

* 책 값은 뒤표지에 있습니다.
* 이 책의 판권은 넌참예뻐에 있습니다.
* 이 책은 저작권법에 따라 보호받는 저작물이므로 무단 복제와 전제를 금지하며, 이 책 내용의 전부 또는 일부를 재사용하려면 반드시 양측의 서면 동의를 받아야 합니다.

ISBN 979-11-990544-1-7 03810

넌참예뻐 는 내면의 아름다움을 끌어올리는 마중물이 되겠습니다.